Kompaktstudium Wirtschaftswissenschaften
Band 14

Moritz/Ohnsorge, Volkswirtschaftliche Gesamtrechnung

D1925371

Kompaktstudium Wirtschaftswissenschaften

Band 14
Volkswirtschaftliche Gesamtrechnung

von

Prof. Dr. Karl-Heinz Moritz

und

Franziska Ohnsorge

Verlag Franz Vahlen München

Die Deutsche Bibliothek – CIP-Einheitsaufnahme

Kompaktstudium Wirtschaftswissenschaften:
[Repetitorium]. – München : Vahlen
ISBN 3 8006 1770 6
Bd. 14. Volkswirtschaftliche Gesamtrechnung / von Karl-Heinz Moritz und Franziska Ohnsorge. – 1998
ISBN 3 8006 1974 1

ISBN 3 8006 1974 1

© 1998 Verlag Franz Vahlen GmbH, München
Satz: DTP-Vorlagen der Autoren
Druck und Bindung: C. H. Beck'sche Buchdruckerei, Nördlingen
Gedruckt auf säurefreiem, alterungsbeständigem Papier
(hergestellt aus chlorfrei gebleichtem Zellstoff)

Vorwort zur Reihe Kompaktstudium

Das vorliegende Repetitorium richtet sich an alle Studenten der Wirtschaftswissenschaften, die sich zielorientiert auf die Zwischenprüfung vorbereiten oder im Rahmen ihrer Examensvorbereitung wieder einen Überblick über die Grundlagen der Allgemeinen Volks- und Betriebswirtschaftslehre erhalten wollen.

Es basiert auf den Erfahrungen, die das Repetitorium der Wirtschaftswissenschaften mit seinen Lehrunterlagen und seinen Zwischenprüfungs- und Examenskursen in den vergangenen 10 Jahren sammeln konnte. Dabei hat sich gezeigt, daß die vorhandene Literatur den Bedürfnissen des Studenten in der Prüfungsvorbereitung nur bedingt Rechnung trägt. Aufgrund des stetig wachsenden Stoffumfangs fehlt es gerade an solcher Literatur, die dem Prüfungskandidaten einen gezielten Überblick über die Prüfungsschwerpunkte vermittelt. Dies führt nicht selten dazu, daß der Prüfungskandidat gerade zu Beginn seiner Prüfungsvorbereitungen den vermeintlich unüberwindbaren „Arbeitsberg" scheut und den Einstieg in die Prüfungsvorbereitungen ständig nach hinten verschiebt.

Ziel dieses Repetitoriums ist es daher, den prüfungsrelevanten Stoff mit einfachen Worten in möglichst überschaubarer sowie verständlicher und damit leicht lernbarer Form darzustellen. Auf diese Weise soll dem Prüfungskandidaten ein solches Grundverständnis über die volkswirtschaftlichen Theorien und die Zusammenhänge zwischen den einzelnen Teildisziplinen vermittelt werden, daß er selbständig die Lösung auch schwieriger Problembereiche erarbeiten kann.

Durch diese Zielsetzung unterscheidet sich ein Repetitorium von reinen Lehrbüchern der Allgemeinen Volks- und Betriebswirtschaftslehre. Es klammert Themen aus, die aufgrund von Bestrebungen nach Vollständigkeit in den traditionellen Lehrbüchern aufgenommen, von den Prüfungskandidaten aber eher als Ballast empfunden werden. Andere Themengebiete werden aufgrund ihrer hohen Prüfungsrelevanz ausführlicher behandelt.

Eine in dieser Form gestraffte Darstellung des Prüfungsstoffs kann allerdings nicht den Anspruch erheben, Lehrbücher der Allgemeinen Volks- und Betriebswirtschaftslehre oder gar die spezielle Literatur zu einzelnen Teildisziplinen zu ersetzen. Aber sie ermöglicht es, dem Prüfungskandidaten in vergleichsweise kurzer Zeit einen Überblick über das Stoffgebiet zu geben und zeigt ihm, welche Themenbereiche er beherrscht bzw. welche er noch vertiefend behandeln muß.

Einer Erfahrung aus den Repetitoriumskursen folgend, möchte ich abschließend die Prüfungskandidaten dazu anregen, die vom Verlag ermöglichte großzügige Gestaltung dieses Buches zu nutzen und es als echte Arbeitsunterlage mit dementsprechenden Anmerkungen, individuellen Hervorhebungen und weiterführenden Literaturhinweisen zu verwenden. In dieser Weise „zugerichtet" wird das vorliegende Buch zu einem wertvollen Instrumentarium der Prüfungsvorbereitung, zu deren erfolgreichem Gelingen ich die auch allseits benötigte Portion Glück wünsche.

Abschließend möchte ich Herrn Dipl.-Soz. Dipl.-Vw. Frank Tibitanzl für seinen unermüdlichen Einsatz bei der technischen Gestaltung herzlich danken.

Frankfurt, im August 1996 Klaus Manz

Inhaltsverzeichnis

Symbolverzeichnis

Variablen:

A:	Ausland
AQ:	Arbeitnehmerquote
BIP:	Bruttoinlandsprodukt
BSP:	Bruttosozialprodukt
C:	Konsumausgaben
D:	Abschreibungen
DB:	Devisenbilanz
DBS:	Devisenbilanzsaldo
E:	Exporte
EQ:	Exportquote
FE:	Faktoreinkommen
FD:	Finanzierungsdefizit
FS:	Finanzierungssaldo
G:	Staatsverbrauch, Eigenverkauf, öffentlicher Konsum
GA:	Staatsausgaben
GAQ:	Staatsausgabenquote
GK:	Gini Koeffizient
GVQ:	Staatsverbrauchsquote
H:	Kauf von Gütern der öffentlichen Haushalte
I:	Investitionen
IQ:	Investitionsquote
KB:	Kapitalbilanz
KBS:	Kapitalbilanzsaldo
L:	Löhne
LB:	Leistungsbilanz
LBS:	Leistungsbilanzsaldo
LQ:	Lohnquote
M:	Importe von Waren und Dienstleistungen
MQ:	Importquote
NIP:	Nettoinlandsprodukt
NSP:	Nettosozialprodukt
ÖH:	Öffentliche Haushalte
P:	Gewinne; BIP Inflator
PH:	Private Haushalte
R:	Zinsen
S:	Sparen; Ersparnisse
StWG:	Stabilitäts- und Wachstumsgesetz
T:	Steuern
TR:	Transfer
U:	Unternehmen
Ü:	Nettoübertragungen an das Ausland (geleistete ./. empfangene Übertragungen)

VÄ:	Vermögensänderungspol
W:	Wechselkurs
w_u:	Wachstumsrate der Unterbeschäftigung
w_y:	Wachstumsrate des Sozialprodukts
X:	Exporte von Waren und Dienstleistungen
Y:	Poduktion, Einkommen
Z:	Subventionen
ΠQ:	Gewinnquote

Indizes:

B:	brutto; Basisjahr
E:	Erwerbs- und Vermögenseinkommen; im engeren Sinn
F:	Faktorkosten
g:	geplant
H:	Haushalte
i:	Gut
ind:	indirekt
M:	Marktpreise
N:	Nominal
ÖH:	Öffentliche Haushalte
R:	Real
s:	selbständig
t:	tatsächlich; Zeitpunkt
u:	ungeplant, unselbständig
VG:	verfügbar
U:	Unternehmen
W:	Waren und Dienstleistungen; im weiteren Sinn

1. Einführung

1.1 Kreislaufanalyse, Makroökonomische Theorie und Volkswirtschaftliche Gesamtrechnung

Eine Volkswirtschaft besteht aus einer Vielzahl von Einzelmärkten. Dazu zählen die Märkte für einzelne Güter und Dienstleistungen sowie die Faktormärkte. Zur Analyse des Geschehens auf diesen Märkten benötigt man eine systematische Darstellung und Ordnung aller ökonomischen Aktivitäten. Die Reduktion der Komplexität des Wirtschaftsgeschehens erfolgt durch die Aggregation der einzelwirtschaftlichen Daten zu gesamtwirtschaftlichen Größen.

Die systematische Darstellung wirtschaftlicher Vorgänge erfolgt in der *Kreislaufanalyse*. Sie liefert eine allgemeine Beschreibung des Wirtschaftskreislaufs. Ihre Aufgabe ist es, die Beziehungen zwischen den volkswirtschaftlichen Größen, die für jeden Zeitpunkt gültig sind, widerspruchsfrei darzulegen. Die Kreislaufanalyse liefert das Fundament für die Volkswirtschaftliche Gesamtrechnung und für die makroökonomische Theorie.

Die quantitative Ausgestaltung des Wirtschaftskreislaufs für eine bestimmte Periode erfolgt durch die *Volkswirtschaftliche Gesamtrechnung (VGR)*. In ihr werden alle wirtschaftlichen Transaktionen einer abgelaufenen Periode quantitativ erfaßt. Die Volkswirtschaftliche Gesamtrechnung kann daher auch als angewandte Kreislaufanalyse bezeichnet werden. Sie zeigt einen realisierten Ist-Zustand auf, der durch das Zusammenwirken ökonomischer Größen in einer vergangenen Periode zustande gekommen ist. Da die Volkswirtschaftliche Gesamtrechnung sich mit realisierten Größen beschäftigt, handelt es sich bei der Volkswirtschaftlichen Gesamtrechnung um eine *ex-post Analyse*.

Betrachten wir nun die Aufgaben der Volkswirtschaftlichen Gesamtrechnung. Die zunächst augenfälligste Funktion der Volkswirtschaftlichen Gesamtrechnung ist ihre *Informationsfunktion*. Da sie einen Überblick über den Stand der Entwicklung einer Volkswirtschaft gibt, dient sie der Situationsanalyse. Im Vordergrund stehen hierbei das Niveau der Produktion, die konjunkturelle Lage, der sektorale Strukturwandel, die Einkommensverteilung, die Inanspruchnahme der Produktion durch den Staat und das Wachstum der Volkswirtschaft. Unter außenwirtschaftlichen Gesichtspunkten ist die Zahlungsbilanz von besonderem Interesse, da aus ihr Rückschlüsse über die internationale Verflechtung und die Entwicklung des Auslandsvermögens einer Volkswirtschaft gezogen werden können.

Das Stabilitäts- und Wachstumsgesetz fordert, daß die Bundesregierung jährlich einen Jahreswirtschaftsbericht vorlegt. In diesem werden unter anderem Ziele für volkswirtschaftliche Größen wie Beschäftigungsniveau und wirtschaftliches Wachstum formuliert. Die Volkswirtschaftliche Gesamtrechnung erfüllt in diesem Zusammenhang eine wichtige *Kontrollfunktion*. Durch die Erfassung aller volkswirtschaftlichen Daten macht sie einen nachträglichen Vergleich der Zielwerte mit den realisierten Werten möglich. Von besonderer Bedeutung sind hierbei die im Stabilitäts- und Wachstumsgesetz (§1 StWG) formulierten Ziele des *magischen Vierecks* Vollbeschäftigung, Preisstabilität, angemessenes und stetiges Wirtschaftswachstum sowie außenwirtschaftliches Gleichgewicht.

In diesem Kontext kann die Volkswirtschaftliche Gesamtrechnung zur *Überprüfung von ökonomischen Theorien* herangezogen werden, so daß die Formulierung realitätsnaher Theorien erleichtert wird. Klassische und keynesianische Theorie sagen z.B. unterschiedliche volkswirtschaftliche Folgen einer Erhöhung der Geldmenge voraus. Die Klassiker argumentieren über die Quantitätstheorie, daß unter den Annahmen eines gegebenen Sozialprodukts und einer gegebenen Geldumlaufgeschwindigkeit das Preisniveau die einzige Variable ist, die auf Geldmengenerhöhungen reagieren kann. Dagegen vermuten die Keynesianer bei festem Preisniveau einen positiven Zusammenhang zwischen Preisniveau und Beschäftigung. Ähnliches gilt für die Auswirkungen einer Erhöhung der Staatsausgaben. Während die Klassiker ausschließlich Preis- oder Zinseffekte erwarten,[1] führt in der keynesianischen Theorie diese Nachfragepolitik zu einem Beschäftigungsschub. Zur Überprüfung dieser Theorien benötigt man Daten. Diese liefert die Volkswirtschaftliche Gesamtrechnung.[2]

Die Volkswirtschaftliche Gesamtrechnung liefert die *Basis für Prognosen*, die es erlauben, zukünftige Entwicklungen makroökonomischer Größen vorherzusagen. Es sei z.B. unterstellt, eine Theorie kommt zu dem Ergebnis, daß zwischen der Wachstumsrate der Arbeitslosigkeit (w_u) und der Wachstumsrate des Sozialprodukts (w_y) folgender Zusammenhang gilt:

$$(1.1) \qquad w_u = \alpha - \beta \cdot w_y$$

Um konkrete Prognosen zu erstellen, werden die Werte der Koeffizienten der Funktion (1.1) α und β benötigt. Die Methodik der Schätzung der Koeffizienten liefert die Ökonometrie. Damit die Schätzung dieser Funktion durchgeführt werden kann, werden Daten benötigt. Diese stellt die Volkswirtschaftliche Gesamtrechnung bereit.[3] Sind die Koeffizienten ermittelt, dann können aus der Entwicklung des Sozialprodukts Prognosen für die Beschäftigungsentwicklung abgeleitet werden.

Die Kreislaufanalyse ist eine ex-post Analyse. *Ex-post Analysen* betrachten realisierte Größen. So gilt z.B. nach Ablauf einer Periode in einer geschlossenen Volkswirtschaft stets, daß die Investitionen den Ersparnissen entsprechen. Die ex-post Gleichheit von Ersparnissen und Investitionen wird dadurch herbeigeführt, daß sich die realisierten Ersparnisse aus den geplanten und den ungeplanten Ersparnissen und die realisierten Investitionen aus den geplanten und den ungeplanten Investitionen zusammensetzen.[4]

Wie oben angedeutet, liefert die Kreislaufanalyse auch das Fundament für die makroökonomische Theorie. Durch die Kreislaufanalyse lassen sich *grundlegende Zusammenhänge* über gesamtwirtschaftliche Größen ermitteln. Wie wir später

---

1 Preiseffekte resultieren, wenn die Staatsverschuldung über eine Finanzierung bei der Zentralbank erfolgt. Zinseffekte resultieren ausschließlich, wenn die Staatsverschuldung über private Kreditmärkte erfolgt, vorausgesetzt, Geld wird ausschließlich, wie in dem klassischen Modell unterstellt, für Transaktionszwecke gehalten. Im Unterschied hierzu hat die Staatsnachfrage auch bei Finanzierung über die Kreditmärkte einen Einfluß auf das Preisniveau, wenn die Geldnachfrage, wie in der neoklassischen Synthese unterstellt, zinsabhängig ist.

2 Zur ausführlichen Darstellung der skizzierten Theorien wird der Leser auf Feess/Tibitanzl (1997) verwiesen.

3 Dies ist selbstverständlich nur ein einfaches Beispiel zur Veranschaulichung makroökonomischer Zusammenhänge. In der Praxis arbeiten Forschungsinstitute mit einer Vielzahl von Gleichungen, um Größen wie die voraussichtliche Veränderung der Arbeitslosigkeit zu bestimmen.

4 Vgl. hierzu ausführlich die Erläuterungen in Kapitel 3.

sehen werden, kann man für eine geschlossene Volkswirtschaft aus der Kreislaufanalyse herleiten, daß eine Erhöhung der Staatsverschuldung zu einer Erhöhung der privaten Ersparnis, zu einer Reduktion der privaten Investitionen oder zu einer Kombination dieser Veränderungen führt. Auch diese Aussage ist, da sie auf Definitionen basiert, immer richtig. Unter welchen Voraussetzungen das jeweilige Szenario eintritt, hängt von den Annahmen ab, die über den Zustand und über die Funktionsweise der betrachteten Volkswirtschaft getroffen werden. Durch Ausschluß mindestens eines möglichen Ereignisses der Realität durch die Modellannahmen wird der Übergang von der Kreislaufanalyse zur *makroökonomischen Theorie* vollzogen.

Die makroökonomische Theorie ist eine *ex-ante Analyse.* Ex-ante Analysen betrachten geplante Größen. Mit Hilfe der makroökonomischen Theorie wird der Versuch unternommen, das gegenwärtige ökonomische Geschehen zu erklären und das zukünftige ökonomische Geschehen zu prognostizieren. Aus der Kreislaufanalyse wird also abgeleitet, welche Ergebnisse nach einer Datenänderung eintreten können; in der makroökonomischen Analyse wird nachgewiesen, unter welchen Bedingungen die unterschiedlichen Ergebnisse eintreten.

1.2 Teilsysteme der Volkswirtschaftlichen Gesamtrechnung

Die Volkswirtschaftliche Gesamtrechnung besteht aus mehreren Teilrechnungen.[5]

- Der historische Ursprung der Volkswirtschaftlichen Gesamtrechnung war die Sozialproduktrechnung. Sie dient der Ermittlung
  - der gesamtwirtschaftlichen Güterproduktion;
  - der im Zuge der Güterproduktion entstandenen Einkommen;
  - der Beiträge der einzelnen Wirtschaftsbereiche zur gesamtwirtschaftlichen Produktion;
  - der Aufteilung der Produktion auf Konsum und Investition;
  - der Verteilung der Einkommen auf Löhne, Zinsen und Gehälter.

  Später sind sogenannte Nebenrechnungen, die im folgenden kurz vorgestellt werden, zur Sozialproduktrechnung hinzugekommen.
- Die *Input-Output-Rechnung* soll die güter- und produktionsmäßigen Verflechtungen zwischen den einzelnen Sektoren der Volkswirtschaft beschreiben. Ihr Ziel ist, Informationen über die Bedeutung einzelner Produktionsbereiche der Wirtschaft als Lieferant für andere Produktionsbereiche zu geben.
- Die *Vermögensrechnung* beschreibt die Erfassung der Bestände an Sachvermögen und Finanzvermögen.
- In der *Arbeitsvolumenrechnung* wird die Situation auf dem Arbeitsmarkt beschrieben. Zu diesem Zweck werden Kenngrößen wie die Arbeitslosenquote und der Anteil der Selbständigen bzw. Unselbständigen an den Erwerbstätigen berechnet.
- Die *Finanzierungsrechnung* gibt detaillierte Auskunft über die Veränderung der Forderungen und Verbindlichkeiten der einzelnen Sektoren in einer abgelaufenen Periode.
- Die *Außenwirtschaftsrechnung* dient der Erfassung ökonomischer Transaktionen zwischen Inländern und Ausländern. Zu den Aufgaben zählen die Aufstellung der Zahlungsbilanz und die Berechnung von Leistungs- und Kapitalbilanzsaldo.

[5] Vgl. zu den folgenden Ausführungen Frenkel (1996) S. 4 ff.

- Im Rahmen der *Einkommensrechnung für private Haushalte nach sozio-ökonomischer Gliederung* wird die Einkommensverteilung zwischen den verschiedenen Gruppen der Bevölkerung erfaßt. Aufgabe dieser Teilrechnung ist es, u. a. Informationen über die Anteile der Einkommen aus selbständigen und unselbständigen Tätigkeiten (Gewinn- und Lohnquote) am Gesamteinkommen zu geben.

1.3 Benutzer der Volkswirtschaftlichen Gesamtrechnung

Zu den Benutzern der Volkswirtschaftlichen Gesamtrechnung zählen insbesondere staatliche Stellen, Wirtschaftsverbände, Forschungseinrichtungen und internationale Organisationen. Für Regierungsstellen dient die Volkswirtschaftliche Gesamtrechnung als Grundlage für die Entscheidungsfindung, z.B. für die Festlegung des Finanzplans. Der Sachverständigenrat benötigt die Daten der Volkswirtschaftlichen Gesamtrechnung bei der Erstellung seiner Jahresgutachten über die gesamtwirtschaftliche Entwicklung. Auch private wirtschaftliche Organisationen wie Arbeitgeberverbände und Gewerkschaften bedienen sich der Daten aus der Volkswirtschaftlichen Gesamtrechnung, um z.B. ihre zukünftige Lohnpolitik festzulegen. Schließlich greifen wissenschaftliche Forschungsinstitute auf die Daten der Volkswirtschaftlichen Gesamtrechnung zurück.

Neben den nationalen Benutzern bedienen sich internationale Institutionen der Daten der Volkswirtschaftlichen Gesamtrechnung. In der Europäischen Union erfolgt die Festlegung der Gewichte der einzelnen Währungen im ECU auf der Basis der Volkswirtschaftlichen Gesamtrechnungen der Mitgliedsstaaten. Für den Beitritt der Länder zu einer gemeinsamen Europäischen Währungsunion werden u. a. eine Staatsverschuldungsquote von höchstens 60% und eine Neuverschuldung von höchstens 3% des Bruttoinlandsprodukts vorausgesetzt. Anhand der Ergebnisse der Volkswirtschaftlichen Gesamtrechnung wird die Einhaltung dieser Kriterien überprüft. Ebenso richtet sich die Kreditvergabe des Internationalen Währungsfonds an Entwicklungsländer nach den Daten, die aus deren Volkswirtschaftlichen Gesamtrechnungen ermittelt werden können.

1.4 Datenquellen

Die umfangreichen Daten, die für die Volkswirtschaftliche Gesamtrechnung benötigt werden, können nicht aus direkten Beobachtungen gewonnen werden. Daher ist die Volkswirtschaftliche Gesamtrechnung auf unterschiedliche Statistiken angewiesen. Die wichtigsten dieser Quellen sind:

- Totalerhebungen verpflichten die Unternehmen je nach Wirtschaftssektor alle 4 - 6 Jahre zu einer Berichterstattung. Aus den Ergebnissen dieser Erhebungen lassen sich Daten über das Einkommen aus unselbständiger Arbeit gewinnen.
- Umsatzsteuerberichte der Unternehmen geben Aufschluß über das Produktionsvolumen im Unternehmenssektor.
- Volkszählungen geben Auskunft über bevölkerungs- und verteilungspolitische Daten.
- Schließlich dienen Verbraucherstichproben zur Schätzung der Verwendung des privaten Einkommens.

Nicht alle dieser Daten sind gleich verläßlich. Daher können bei ihrer Verwendung in der Volkswirtschaftlichen Gesamtrechnung Fehler auftreten. Die Verzögerung, mit der die Daten bekannt werden, führt zu weiteren Ungenauigkeiten bei ihrer Benutzung.

1.5 Überblick

An dieser Stelle sollen die Inhalte der folgenden Kapitel kurz skizziert werden. Im 2. Kapitel werden die Bestandteile des Vermögens sowie die Veränderungen des Vermögens dargestellt. Die Kreislaufanalyse ist Gegenstand des 3. Kapitels. Anhand der Kreislaufanalyse werden die Beziehungen zwischen den einzelnen Wirtschaftssubjekten verdeutlicht. Alternativ zur Erfassung der wirtschaftlichen Transaktionen in Form der Kreislaufanalyse können diese, wie in Kapitel 4 dargestellt wird, auch in Kontenform erfaßt werden. Kapitel 5 zeigt die alternativen Möglichkeiten der Berechnung der Sozialproduktgrößen auf. Die Erfassung außenwirtschaftlicher Beziehungen ist Inhalt des 6. Kapitels. Mit den Zusammenhängen zwischen dem nominalen und realen Wachstum beschäftigt sich das 7. Kapitel. Die Identifizierung der Konjunkturphasen auf der Basis der Entwicklung des Sozialprodukts erfolgt in Kapitel 8. Mit einer kritischen Betrachtung des Sozialprodukts in Kapitel 9 schließt das vorliegende Lehrbuch.

2. Bestandteile und Veränderung des Vermögens

2.1 Einleitung

In diesem Kapitel werden die Grundzüge der Vermögensrechnung vorgestellt. Die Vermögensrechnung beschäftigt sich mit Bestandsgrößen. Der Unterschied zwischen Bestands- und Stromgrößen wird in Abschnitt 2.2 dieses Kapitels erläutert. Im Abschnitt 2.3 werden die Bestandteile des Vermögens eines Wirtschaftssubjektes dargestellt. Vorgänge, die das Vermögen verändern, beschreibt der Abschnitt 2.4.

2.2 Bestands- und Stromgrößen

Unter *Stromgrößen* versteht man in Geldeinheiten bewertete oder in physischen Einheiten gemessene Größen, die für einen Zeitraum festgelegt werden. Stromgrößen wie das Einkommen, der Konsum, die Ersparnis oder die Investitionen beziehen sich auf eine Periode, meistens auf ein Jahr. Dagegen werden *Bestandsgrößen* zu einem bestimmten Zeitpunkt ermittelt. Beispiele für Bestandsgrößen sind der Wertpapierbestand, der Kapitalstock oder die Schulden eines Individuums.

Stromgrößen bewirken Veränderungen von Bestandsgrößen. Zu jeder Bestandsgröße gehört somit mindestens eine Stromgröße. Beispielsweise ist das Sparguthaben eines Wirtschaftssubjektes eine Bestandsgröße, welche zu einem bestimmten Zeitpunkt erfaßt wird. Dagegen ist das Sparen eine Stromgröße, durch die innerhalb einer bestimmten Zeitperiode ein Bestand an Sparguthaben akkumuliert wird. Zur Illustration soll angenommen werden, daß ein Wirtschaftssubjekt am 1.1. eines Jahres ein Sparguthaben in Höhe von 5.000 Geldeinheiten besitzt. Spart es im Laufe dieses Jahres 1.000 Geldeinheiten, so hat sich sein Sparguthaben am 31.12. des Jahres auf 6.000 Geldeinheiten erhöht. Die Stromgröße „Sparen" beeinflußt demnach die Bestandsgröße „Sparguthaben".[6]

2.3 Das Vermögen eines Wirtschaftssubjektes

Das *Vermögen* eines Wirtschaftssubjektes entspricht der „Summe der Werte der Vermögensgegenstände im Eigentum eines Wirtschaftssubjektes".[7] Als *Wirtschaftssubjekte* (-einheiten) gelten alle Personen, Gruppen oder Institutionen, die wirtschaftliche Tätigkeiten ausüben.[8]

Anhand der folgenden Abb. 2.1 kann man die unterschiedlichen Arten des Vermögens erkennen. Das *Gesamtvermögen* eines Wirtschaftssubjektes teilt sich auf in immaterielles Vermögen, Sachvermögen und Geldvermögen. Das *immaterielle Vermögen* kann in *Humanvermögen* und sonstige Vermögenswerte wie z.B. Rechte

---

6 Selbstverständlich existieren auch Rückkopplungen. Aus einem höheren Sparguthaben resultieren höhere Zinszahlungen, die wiederum den Spielraum der Ersparnisbildung beeinflussen.

7 Stobbe (1994) S. 449.

8 Vgl. Brümmerhoff (1992) S. 1.

untergliedert werden. Das Humanvermögen bildet das geistige Potential eines Wirtschaftssubjektes, aus dem das Wirtschaftssubjekt Einkommen durch menschliche Tätigkeiten erzielen kann.

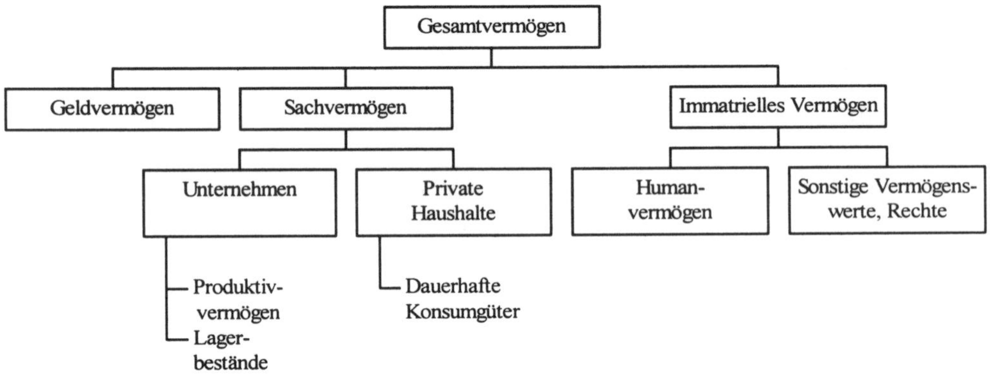

Abb. 2.1: Gesamtvermögen

Das *Geldvermögen* stellt alle auf Geldwerte lautenden Forderungen einer Person gegenüber anderen Personen dar. Das Geldvermögen kann man dahingehend näher untergliedern, ob die Wirtschaftssubjekte das Geldvermögen momentan als Zahlungsmittel verwenden können. Die jederzeit verfügbaren Forderungen bezeichnet man als *Geldmenge*[9] oder Zahlungsmittelbestand und die momentan nicht verfügbaren Forderungen als *Geldkapital.*

Die *dauerhaften Konsumgüter* bilden das Sachvermögen der privaten Haushalte. Dauerhafte Konsumgüter sind langlebige und hochwertige Gebrauchsgüter. Man bezeichnet Konsumgüter als dauerhaft bzw. als langlebig, wenn sie mindestens 5 Jahre verwendbar sind. Hochwertige Güter haben einen Wert von mindestens 200 DM.[10] Beispiele hierfür sind PKW, Fernseher und Stereoanlagen.[11]

Das Sachvermögen der Unternehmen läßt sich in Produktivvermögen und Lagerbestände unterteilen. Das *Produktivvermögen* umfaßt die dauerhaften Produktionsmittel der Unternehmen und der öffentlichen Haushalte.[12] Hierzu zählen z.B. die Maschinen oder der Fuhrpark. Synonyme Begriffe für Produktivvermögen sind *Anlagevermögen* und *Kapitalstock.*

Neben dem Produktivvermögen zählen auch die Lagerbestände zum *Sachvermögen.* Diese können in *Vorprodukte* und *Endprodukte* eingeteilt werden. *Vorprodukte* sind nicht dauerhafte Produktionsmittel, die im Produktionsprozeß untergehen bzw. ihre eigene Identität verlieren. Beispiele hierfür sind Schrauben oder Rohöl. Vorprodukte sind im Unterschied zu den *Vorleistungen* während des betrachteten Zeitraums nicht im Produktionsprozeß eingesetzt worden. Endprodukte sind das Ergebnis des Produktionsprozesses und für den Verkauf bestimmt.

---

9 Für die Geldmenge existieren verschiedene Definitionen. An dieser Stelle wird die engste Definition gewählt. Bezüglich der alternativen Definitionen wird auf Moritz (1996) S. 30 ff. verwiesen.

10 Vgl. Brümmerhoff/Lützel (1994) S. 67.

11 In der Literatur wird darüber hinaus zwischen dauerhaften Konsumgütern, Gebrauchsvermögen und Werterhaltungsgütern differenziert. Das Gebrauchsvermögen weist dabei einen Nutzungszeitraum von mindestens einem Jahr auf. Werterhaltungsgüter sind Güter, bei deren Erwerb das Ziel der Vermögensanlage im Vordergrund steht, z.B. Schmuck oder Gold. Vgl. hierzu ausführlich Brümmerhoff, Lützel (1994) S. 67 ff. und S. 141 f.

12 Vgl. Stobbe (1994) S. 449.

Die für den Verkauf produzierten, aber noch nicht veräußerten Produkte stellen die gelagerten Endprodukte dar.[13]

Das Gesamtvermögen eines Wirtschaftssubjektes wird in der Vermögensbilanz erfaßt. Das folgende Konto zeigt die Grundstruktur einer solchen Bilanz.

Vermögensbilanz	
1. Sachvermögen	3. Verbindlichkeiten
2. Forderungen	4. Reinvermögen

Aus dieser Bilanz lassen sich das Bruttovermögen, das Nettogeldvermögen und das Reinvermögen durch folgende Berechnungen entnehmen:

	Sachvermögen			Forderungen
+	Forderungen		./.	Verbindlichkeiten
=	Bruttovermögen	bzw.	=	Nettogeldvermögen (Nettoposition)
./.	Verbindlichkeiten		+	Sachvermögen
=	Reinvermögen (Nettovermögen)		=	Reinvermögen (Nettovermögen)

Abb. 2.2: Berechnungsmöglichkeiten des Reinvermögens

Sachvermögen und Forderungen ergeben das *Bruttovermögen* eines Wirtschaftssubjektes. Verringert man das Bruttovermögen um die Verbindlichkeiten, verbleibt das *Rein-* bzw. *Nettovermögen.*

Alternativ läßt sich das Rein- bzw. Nettovermögen wie folgt berechnen. Die Gegenüberstellung von Forderungen und Verbindlichkeiten ergibt das *Nettogeldvermögen* bzw. die *Nettoposition.* Wird das Sachvermögen zu dem Nettogeldvermögen hinzu addiert, resultiert wieder das Reinvermögen. Ist das Reinvermögen negativ, spricht man von Überschuldung.

2.4 Veränderungen des Vermögens

2.4.1 Ursachen

Transaktionen und *Wertberichtigungen* können als Ursachen für Veränderungen des Vermögens angeführt werden. Wertberichtigungen des Geldvermögens können durch Kursveränderungen bedingt sein. Sinkt z.B. der Devisenkurs, so muß nach dem Niederstwertprinzip eine Korrektur in der Bilanz erfolgen. Wertberichtigungen des Sachvermögens werden durch die Inanspruchnahme der Produktionsanlagen und den damit verbunden Verschleiß erforderlich. Der wertmäßige Verschleiß der im Produktionsprozeß eingesetzten Produktionsanlagen wird als *Abschreibung* bezeichnet.

Neben den oben beschriebenen Wertberichtigungen können Transaktionen zu Veränderungen des Sachvermögens führen. Unter einer *Transaktion* versteht man die

[13] Zu alternativen Einteilungen des Sachvermögens vgl. Frenkel (1993) S. 196.

Übertragung eines Gutes in Form einer Ware, Dienstleistung oder einer Forderung von einem Wirtschaftssubjekt auf ein anderes Wirtschaftssubjekt. Hierbei kann ein einzelnes Wirtschaftssubjekt ein Gut, Geldvermögen oder gar nichts erhalten und als Gegenleistung ein Gut, Geldvermögen oder gar nichts abgeben. Im einzelnen ergeben sich folgende Arten von Transaktionen.

Gibt \ Erhält	Gut	Geldvermögen	Nichts
Gut	Realtausch	Verkauf	Realtransfer
Geldvermögen	Kauf	Finanztransaktion	monetärer Transfer (Finanztransfer)
Nichts	Realtransfer	monetärer Transfer (Finanztransfer)	

Abb. 2.3: Transaktionen

Die in der Matrix aufgeführten Transaktionen können nach folgenden Kriterien untergliedert werden:

Unilaterale, einseitige Transaktionen liegen vor, wenn ein Gut (*Realtransfer*) oder eine Forderung (*Finanztransfer*) ohne unmittelbare Gegenleistung seinen Besitzer wechselt. Man nennt diese Art von Transaktion auch *Transfer* oder *Übertragung*. Im Gegensatz hierzu liegen *bilaterale, zweiseitige Transaktionen* vor, wenn jede der beiden Seiten ein Gut oder Geldvermögen abgibt bzw. annimmt.

Monetäre Übertragungen (Finanztransfers) werden untergliedert in laufende Übertragungen (*Einkommensübertragungen*) und vermögenswirksame Übertragungen (*Vermögensübertragungen*). Laufende Übertragungen sind Übertragungen, die regelmäßig erfolgen und die von den beteiligten Personen nicht als vermögenswirksam angesehen werden. Beispiele für laufende Übertragungen sind Steuern, Strafmandate, Sozialleistungen oder Produktionssubventionen. Nicht regelmäßig wiederkehrende Übertragungen, die aus Sicht mindestens eines beteiligten Wirtschaftssubjektes als vermögenswirksam angesehen werden, bezeichnet man als Vermögensübertragungen. Beispiele für Vermögensübertragungen sind Erbschaften, Erbschaftssteuer und Investitionszuschüsse.

Der Grund für die gesonderte Erfassung von Vermögensübertragungen und Einkommensübertragungen ist darin zu sehen, daß Erklärungsvariablen für bestimmte Verhaltensweisen separat erfaßt werden sollen. So wird z.B. in der keynesianischen Konsumfunktion davon ausgegangen, daß der Konsum vom laufenden Einkommen, aber nicht von einmaligen Vermögensübertragungen abhängt.

Probleme bei der Abgrenzung treten dann auf, wenn aus Sicht eines Wirtschaftssubjektes eine Transaktion einmalig und vermögenswirksam, für ein anderes Wirtschaftssubjekt als laufende Einnahme angesehen wird. So ist z.B. eine Erbschaftssteuer aus Sicht des Erben einmalig und aus Sicht des öffentlichen Haushalts laufend. In solchen Fällen ist für die Abgrenzung die Sicht des kleineren Wirtschaftssubjektes entscheidend. Bei der Erbschaftssteuer handelt es sich nach diesem Kriterium um eine Vermögensübertragung. Allerdings führt die Anwendung dieses Kriteriums nicht immer zu eindeutigen Zuordnungen. So grenzen das Statistische

Bundesamt und die Deutsche Bundesbank Übertragungen teilweise unterschiedlich ab.[14]

Bei *realen Transaktionen* bleibt das Geldvermögen der beteiligten Wirtschaftssubjekte unberührt. Es werden nur Güter gehandelt. Hierzu zählen der *Realtausch* und der *Realtransfer*. Alle Transaktionen, in deren Zuge Geldvermögen seinen Besitzer wechselt, werden *monetäre Transaktionen* genannt. Sie stellen den überwiegenden Teil der Transaktionen in einer entwickelten Volkswirtschaft dar.

Die monetären Transaktionen lassen sich nach Leistungs- und Finanztransaktionen klassifizieren. *Leistungstransaktionen* beruhen auf dem Kauf und Verkauf von Gütern sowie dem Transfer von Forderungen (*Finanztransfer*). Durch sie ändert sich das Niveau des Geldvermögens der an der Transaktion beteiligten Personen. Bei *Finanztransaktionen* findet dagegen eine reine Umschichtung der Struktur des Geldvermögens statt, ohne daß das Niveau des Geldvermögens verändert wird. Hierzu gehören z.B. Einzahlungen von Bargeld auf ein Girokonto oder der Kauf von Wertpapieren. Leistungstransaktionen können, müssen aber nicht zu einer Veränderung des Reinvermögens führen. So induziert z.B. die Zahlung von Löhnen als Entgelt für den Kauf von Arbeitsleistungen eine Erhöhung des Reinvermögens des Arbeitnehmers und eine Reduktion des Reinvermögens der Unternehmung. Dagegen führt der Kauf einer Maschine nicht zu einer Veränderung des Reinvermögens. Die Abnahme des Geldvermögens wird durch eine entsprechende Erhöhung des Sachvermögens kompensiert.

Eine weitere Unterscheidung der Transaktionen, die aus Abb. 2.3 nicht hervorgeht, ist die Unterteilung in Markttransaktionen und unterstellte Transaktionen. *Markttransaktionen* sind Transaktionen, die tatsächlich über Märkte abgewickelt werden. Dagegen werden in der Volkswirtschaftlichen Gesamtrechnung einige ökonomische Geschehnisse als Transaktionen erfaßt, die als solche nicht tatsächlich stattfinden. Man versucht mit der Unterstellung bestimmter Transaktionen eine Verzerrung der Datenbasis der Volkswirtschaftlichen Gesamtrechnung zu verhindern. Erstellt z.B. eine Unternehmung eine Maschine ihres Anlagevermögens selbst, so steigt der Kapitalstock der Volkswirtschaft und das Bruttosozialprodukt. Ähnliches gilt für die Nutzung von Eigenheimen. Es wird eine fiktive Mietzahlung unterstellt, um die Daten der Volkswirtschaftlichen Gesamtrechnung nicht von den Eigentumsverhältnissen abhängig zu machen.

Schließlich werden Transaktionen in intra- und intersektorale Transaktionen unterteilt. Transaktionen zwischen Wirtschaftssubjekten eines Sektors werden als *intrasektorale Transaktionen*, Transaktionen zwischen Wirtschaftssubjekten verschiedener Sektoren werden als *intersektorale Transaktionen* definiert.

2.4.2 Arten

2.4.2.1 Veränderungen des Sachvermögens[15]

Die Veränderung des Sachvermögens (*Nettoinvestition*) wird durch die in einer Periode getätigten Bruttoinvestitionen und durch die Abschreibungen bestimmt. Sämtliche Aktivitäten, die zu einer Zunahme des Sachvermögens führen, werden als *Bruttoinvestitionen* bezeichnet, die nach dem Verwendungszweck und dem Hersteller weiter untergliedert werden können. Je nach ihrem Verwendungszweck spricht man von Bruttoanlage- oder Vorratsinvestitionen. Dienen die Investitionen

[14] Vgl. Stobbe (1994) S. 348 f.

[15] Dieser Abschnitt beschränkt sich auf die Veränderung des Sachvermögens einer Unternehmung.

der Erhöhung des Kapitalstocks, handelt es sich um *Anlageinvestitionen*. Werden Investitionen zur Aufstockung der Lagerbestände durchgeführt, liegen *Vorrats- bzw. Lagerinvestitionen* vor. Vorratsinvestitionen umfassen die Differenz zwischen Zu- und Abgängen an Werkstoffen, Halb- und Fertigprodukten. Die Summe aus Bruttoanlage- und Vorratsinvestitionen ergibt die gesamten *Bruttoinvestitionen* in einer Periode.

Die Bruttoanlageinvestitionen sind immer positiv, während die Vorratsinvestitionen auch negativ werden können.[16] Rein theoretisch könnten daher die Bruttoinvestitionen negativ werden, wenn negative Vorratsinvestitionen die Bruttoanlageinvestitionen kompensieren.

Bei der volkswirtschaftlichen Beurteilung der Wertschöpfung einer einzelnen Unternehmung sind die Investitionen des weiteren dahingehend zu unterscheiden, ob die Unternehmung die Investitionsgüter selbst herstellt (*selbsterstellte Anlagen bzw. selbsterstellte Vorräte*) oder ob sie diese von anderen Unternehmen käuflich erworben hat. Die im eigenen Unternehmen produzierten Investitionsgüter erhöhen die Wertschöpfung des betrachteten Unternehmens, die gekauften Investitionsgüter dagegen sind der Wertschöpfung anderer Unternehmen zuzurechnen.

Führt ein Unternehmen Bruttoanlageinvestitionen genau in der Höhe der Abschreibungen durch, betragen die Nettoanlageinvestitionen Null. Der Kapitalstock bleibt unverändert. Es werden lediglich *Ersatzinvestitionen* vorgenommen. Übersteigen die Bruttoanlageinvestitionen die Abschreibungen, dann nimmt der Kapitalstock zu. Investitionen mit dem Ziel, den Kapitalstock zu erhöhen, bezeichnet man als *Erweiterungsinvestitionen*. Sind die Abschreibungen größer als die Bruttoanlageinvestitionen, dann verringert sich der Kapitalstock.

Aus der Addition von Nettoanlageinvestitionen und Vorratsinvestitionen resultieren die *Nettoinvestitionen*. Zur Verdeutlichung werden diese Zusammenhänge in der nachfolgenden Abbildung dargestellt:

Bruttoanlageinvestitionen ./. Abschreibungen	+ Vorratsinvestitionen (Lagerzugang ./. Lagerentnahmen)	= Bruttoinvestitionen ./. Abschreibungen
= **Nettoanlageinvestitionen**		= **Nettoinvestitionen**

Abb. 2.4: Berechnung der Nettoinvestitionen

Sowohl die Abschreibungen als auch die selbsterstellten Anlagen und das Lagervermögen unterliegen Bewertungsproblemen. Dem Statistischen Bundesamt liegen keine Angaben über die tatsächliche Inanspruchnahme und damit den Verschleiß des Produktionsapparates vor. Auf die steuerlichen Bilanzen der Unternehmen kann nur begrenzt zurückgegriffen werden, da die Unternehmen die Abschreibungen unter steuerlichen Gesichtspunkten berechnen, die nicht zwingend ihrer volkswirtschaftlichen Bedeutung entsprechen. Aus volkswirtschaftlicher Sicht entsprechen die Abschreibungen dem Wert, der zur Erhaltung des realen Wertes des Anlagevermögens wieder angelegt werden müßte. Abschreibungen sind folglich zu *Wiederbeschaffungspreisen* zu bewerten. Aus diesem Grund kann der Wert der Abschreibungen nur geschätzt werden.

[16] Die Vorratsinvestitionen betrugen 1992 -3,5 Mrd. DM und 1993 -11,6 Mrd. DM. Vgl. Monatsberichte Deutsche Bundesbank Juli (1997) S. 61*.

Auch bezüglich der Werte der selbsterstellten Anlagen oder Lagerinvestitionen treten Bewertungsprobleme auf. Grundsätzlich gilt das Prinzip der Bewertung zu Marktpreisen. Allerdings handelt es sich hier um Güter, die noch nicht bzw. vielleicht nie verkauft werden. Möglicherweise existieren für selbsterstellte Anlagen keine Marktpreise und die des Lagervermögens sind vor dem Verkauf noch nicht genau zu bestimmen. Daher werden sowohl selbsterstellte Anlagen als auch Lagerinvestitionen zu ihren Herstellungskosten bewertet.

2.4.2.2 Veränderungen des Geldvermögens

Veränderungen des Geldvermögens ergeben sich aus der Differenz zwischen der Veränderung der Forderungen und der Veränderung der Verbindlichkeiten. Diese Differenz wird als *Finanzierungssaldo* bezeichnet:

Finanzierungssaldo = Δ Forderungen - Δ Verbindlichkeiten = Δ Geldvermögen

Beträgt der Finanzierungssaldo Null, entsprechen sich die Veränderungen der Forderungen und der Verbindlichkeiten, so daß das Geldvermögen unverändert bleibt. Ein positiver Finanzierungssaldo führt zu einer Zunahme des Nettogeldvermögens bzw. der Nettoposition. Entsprechend hat ein negativer Finanzierungssaldo eine Verringerung des Nettogeldvermögens zur Folge. Bei einem negativen Finanzierungssaldo spricht man von einem *Finanzierungsdefizit*.

Vorgänge, die das Geldvermögen erhöhen, nennt man *Einnahmen*. Vorgänge, die das Geldvermögen reduzieren, nennt man *Ausgaben*. Davon zu trennen sind die Begriffe Einzahlungen und Auszahlungen. *Einzahlungen* führen zu einer Erhöhung des Zahlungsmittelbestandes, *Auszahlungen* reduzieren den Zahlungsmittelbestand. Daß diese beiden Begriffspaare durchaus nicht deckungsgleich sind, erkennt man am Beispiel eines Verkaufs auf Ziel. Die Forderung, die der Verkäufer gegenüber dem Käufer erwirbt, stellt eine Einnahme dar und erhöht sein Geldvermögen. Allerdings erfolgt die Einzahlung erst bei der Bezahlung der Rechnung. Es liegt daher zum Zeitpunkt des Verkaufs keine Einzahlung vor.

2.4.2.3 Veränderungen des Reinvermögens

Die Gegenüberstellung der Veränderungen der Vermögensbestandteile erfaßt das *Vermögensänderungskonto*.[17] Aus dem Vermögensänderungskonto kann die Ersparnis berechnet werden, die der Veränderung des Reinvermögens entspricht:

Vermögensänderungskonto	
1. Veränderung des Sachvermögens	3. Veränderung der Verbindlichkeiten
2. Veränderung der Forderungen	4. Veränderung des Reinvermögen (Ersparnis)

[17] Aus Vereinfachungsgründen werden hier Vermögensübertragungen vernachlässigt.

Dabei gelten folgende Zusammenhänge:

Ersparnis	= Δ Reinvermögen = Δ Nettovermögen
	= Δ Sachvermögen + Δ Forderungen ./. Δ Verbindlichkeiten
	= Nettoinvestitionen + Finanzierungssaldo

Die Ersparnis entspricht der Summe aus den Nettoinvestitionen und dem Finanzierungssaldo. Ebenso ist sie identisch mit der Summe aus den Veränderungen des Sachvermögens und der Forderungen abzüglich der Veränderung der Verbindlichkeiten.

3. Kreislaufanalyse

3.1 Überblick

In diesem Kapitel werden die Beziehungen zwischen den Wirtschaftssubjekten einer Volkswirtschaft dargestellt. Zu diesem Zweck werden Wirtschaftssubjekte, die ähnliche Eigenschaften aufweisen, zu *Sektoren* zusammengefaßt. Durch diese Aggregation verschwinden die *intrasektoralen Transaktionen*. Sichtbar bleiben lediglich die *intersektoralen Transaktionen*. Der Vorteil dieser Vorgehensweise liegt darin, daß die Analyse der Beziehungen zwischen den einzelnen Sektoren übersichtlich gestaltet werden kann.

In dem folgenden Abschnitt 3.2 werden die im Wirtschaftskreislauf auftretenden Sektoren vorgestellt. Im anschließenden Abschnitt 3.3 wird auf den Wirtschaftskreislauf zwischen dem Haushaltssektor und dem Unternehmenssektor in einer geschlossenen Volkswirtschaft ohne Staat eingegangen. Dabei werden zunächst Vermögensänderungen außer acht gelassen. Diese starke Vereinfachung wird gewählt, um die wesentlichen Aspekte des Wirtschaftskreislaufs herauszustellen.

Der in Abschnitt 3.3 vorgestellte Wirtschaftskreislauf wird anschließend durch Berücksichtigung staatlicher Aktivitäten (Abschnitt 3.4) und durch Einbeziehung von Transaktionen mit dem Ausland erweitert (Abschnitt 3.5). Dabei wird insbesondere der Frage nachgegangen, welche Implikationen staatliche Aktivitäten haben können. Das vorliegende Kapitel schließt mit einer Zusammenfassung der wichtigsten Ergebnisse in Abschnitt 3.6.

3.2 Die Sektoren

Zur übersichtlichen Darstellung des Wirtschaftskreislaufs werden Wirtschaftssubjekte mit ähnlichen Eigenschaften zu Sektoren zusammengefaßt. Die Sektoren sind in der Abb. 3.1 dargestellt.

Zum *Unternehmenssektor* gehören alle Wirtschaftseinheiten, die produktive Leistungen erbringen und diese auf Märkten verkaufen. Sie fragen Produktionsfaktoren nach, setzen diese im Produktionsprozeß ein und bieten die erstellten Güter gegen Entgelt auf Märkten an. Im Unterschied zu den privaten Haushalten sind Unternehmen Wirtschaftssubjekte, die definitionsgemäß nicht konsumieren, sondern nur produzieren und investieren.

Der Unternehmenssektor kann in private und öffentliche Unternehmen untergliedert werden. Die zum privaten Unternehmenssektor zählenden Wirtschaftseinheiten werden nach der Art der von ihnen erstellten Leistungen in Produktionsunternehmen und Finanzunternehmen untergliedert. *Produktionsunternehmen* sind alle Unternehmen der gewerblichen Wirtschaft sowie der Land- und Forstwirtschaft. Hierzu gehören auch Dienstleistungsunternehmen, wie Arzt- und Rechtsanwaltspraxen, Börsenmakler und Wohnungsvermieter. In diesen Bereich fällt ebenfalls die Nutzung von Eigenheimen. Sie wird fiktiv der kommerziellen Wohnungsvermietung gleichgesetzt, um die gesamtwirtschaftliche Wohnungsnutzung nicht durch die Eigentumsverhältnisse zu verzerren. Zu den *Finanzunternehmen* zählen die Banken und die privaten Versicherungen.

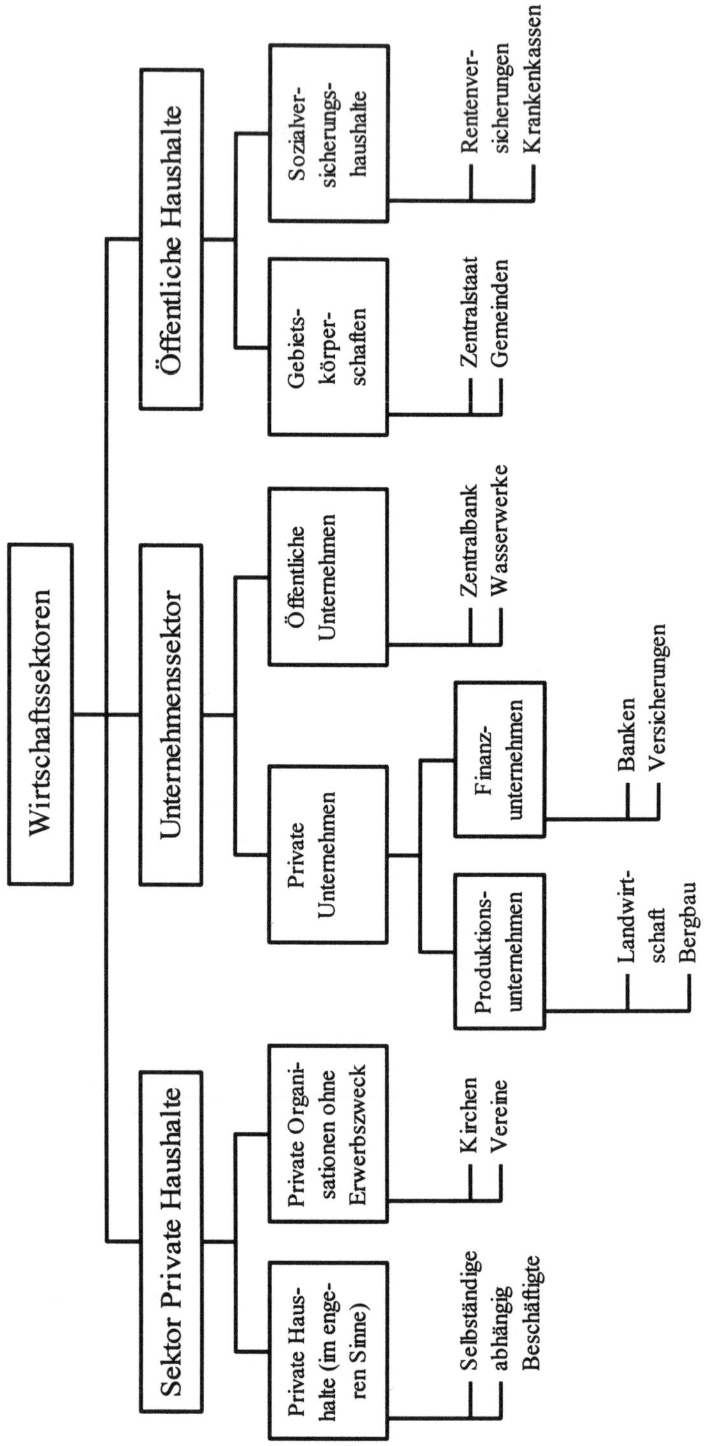

Abb. 3.1: Die Sektoren einer Volkswirtschaft[18]

[18] In Anlehnung an Stobbe (1994) S. 17.

Öffentliche Unternehmen sind Wirtschaftseinheiten, die sich im Eigentum der öffentlichen Hand befinden und deren Hauptmittel aus dem Verkauf ihrer Erzeugnisse stammen. Zu den öffentlichen Unternehmen zählen die Wasserwerke und die Deutsche Bundesbank. Öffentliche Unternehmen verfolgen das Ziel, Güter zur Deckung eines öffentlichen Bedarfs, wenn möglich kostendeckend, bereitzustellen. Während öffentliche Unternehmen im Sinne ihres Versorgungsauftrages durchaus auch langfristig mit Verlusten existieren können, sind private Unternehmen langfristig darauf angewiesen, Gewinne zu erzielen.

Neben den reinen öffentlichen Unternehmen, die zu 100% im Eigentum der öffentlichen Hand sind, gibt es einige private Unternehmen, an denen der Bund beteiligt ist. Hierzu gehören z.B. die Lufthansa sowie die Flug- und Hafengesellschaften. In dieser Kategorie erfolgt die Abgrenzung zwischen öffentlichen und privaten Unternehmen nach der Zielsetzung der Wirtschaftseinheiten. Überwiegen privatwirtschaftliche Elemente wie z.B. Gewinnabsichten, so werden die Wirtschaftseinheiten dem privaten Unternehmenssektor hinzugerechnet. Im anderen Fall zählen sie zu den öffentlichen Unternehmen.

Die *öffentlichen Haushalte* werden unterteilt in Gebietskörperschaften und Sozialversicherungen. Zu den *Gebietskörperschaften* zählen u.a. der Bund und die Sondervermögen des Bundes, die Länder, Gemeinden und Gemeindeverbände, außerdem alle Körperschaften des öffentlichen Rechts und Einrichtungen des Gesundheits- und Bildungswesens. Auch die kommunalen Zweckverbände, die vorwiegend mit öffentlichen Mitteln finanziert werden, fallen hierunter.

Zu den *Sozialversicherungen* zählen u.a. die Rentenversicherungen der Angestellten und Arbeiter, die Kranken-, Unfall- und Arbeitslosenversicherungen sowie der fiktive Pensionsfonds für Beamte. Sie gewähren soziale Leistungen und finanzieren sich hauptsächlich aus Pflichtsozialbeiträgen. Hierdurch und in ihrem Versicherungsprinzip unterscheiden sich die Sozialversicherungen von den Privatversicherungen. Sie sind daher dem Sektor 'Öffentliche Haushalte' und nicht dem Unternehmenssektor zuzurechnen.

Ausschlaggebend für die Unterscheidung zwischen öffentlichen Unternehmen und öffentlichen Haushalten ist, daß öffentliche Unternehmen ihre Dienstleistungen gegen Entgelt anbieten und sich primär aus diesen Mitteln finanzieren sollen, während öffentliche Haushalte ihre Dienstleistungen unentgeltlich, abgesehen von Gebühren, anbieten und sich primär indirekt über Steuern oder Mitgliedsbeiträge finanzieren. Öffentliche Haushalte erzielen keine Verkaufserlöse. Beispielsweise werden Schulen derzeit in der Bundesrepublik Deutschland ohne direktes Entgelt zur Verfügung gestellt. Da sie keine Einnahmen erzielen, können sie nicht kostendeckend agieren und gehören daher zum öffentlichen Haushalt. Im Unterschied hierzu haben öffentliche Verkehrsbetriebe Einnahmen aus ihren Tätigkeiten. Da die Einnahmen die Ausgaben häufig nicht decken, erwirtschaften sie zwar Verluste, sind jedoch genau aus diesem Grunde dem Unternehmenssektor zuzuordnen.

Private Haushalte sind Wirtschaftseinheiten, die auf dem Markt in erster Linie ihre Arbeitskraft anbieten, Konsumgüter kaufen und Ersparnisse tätigen. Definitionsgemäß wird in der Sozialproduktberechnung angenommen, daß private Haushalte nicht investieren, also kein Sachkapital bilden. Alle Käufe der Haushalte werden als Konsum verbucht.

Private Organisationen ohne Erwerbszweck sind Organisationen wie Kirchen, politische Parteien, Gewerkschaften oder Vereine. Sie stellen ihren Mitgliedern und zum Teil auch anderen Personen Dienstleistungen in der Regel unentgeltlich zur Verfügung. Die Finanzierung erfolgt durch Mitgliedsbeiträge, Spenden oder staatliche Zuwendungen. Der Sektor 'private Organisationen ohne Erwerbszweck' wird in der Regel mit dem Sektor 'private Haushalte' zu einem Sektor zusammengefaßt.

Der *Sektor Ausland* erfaßt alle Transaktionen gebietsfremder Wirtschaftseinheiten mit gebietsansässigen Wirtschaftseinheiten.

3.3 Wirtschaftskreislauf in einer geschlossenen Volkswirtschaft ohne Staat

3.3.1 Die Bestandteile des Wirtschaftskreislaufs

Die erste Darstellung eines Wirtschaftskreislaufs wurde von dem französischen Physiokraten François Quesnay im 18. Jahrhundert entwickelt. Ein *Wirtschaftskreislauf* dient dazu, die ökonomischen Beziehungen zwischen den einzelnen Sektoren einer Volkswirtschaft systematisch zu erfassen und zu strukturieren. Er besteht aus Polen und Strömen. *Pole* werden den in Abschnitt 3.2 erörterten Sektoren zugeordnet und bilden die Anfangs- und die Endpunkte der Ströme. *Ströme* sind Leistungen, die zwischen den einzelnen Polen ausgetauscht werden. Ein *geschlossener Wirtschaftskreislauf* ist dadurch gekennzeichnet, daß der Wert der Zuflüsse für jeden Pol gleich dem Wert der Abflüsse ist. Dies bezeichnet man als *Kreislaufaxiom*.

Im folgenden werden die verschiedenen Formen des Wirtschaftskreislaufs dargestellt. In seiner einfachsten Form beinhaltet er nur den Haushalts- und den Unternehmenspol. Sukzessive werden ein Vermögensänderungspol, ein staatlicher Pol und ein Auslandspol hinzugefügt.

3.3.2 Der einfache Wirtschaftskreislauf

In diesem Abschnitt wird vereinfachend unterstellt, daß sowohl die Bruttoinvestitionen als auch die Abschreibungen Null und somit auch die Nettoinvestitionen Null sind. Es werden keine Ersparnisse gebildet. In der folgenden Abbildung ist der Wirtschaftskreislauf dieser Volkswirtschaft dargestellt:

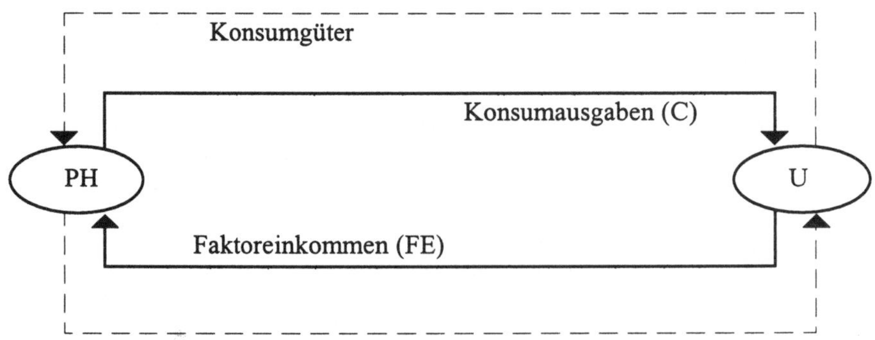

Abb. 3.2: Der einfache Wirtschaftskreislauf

Da sich die Analyse in diesem Abschnitt auf den Sektor der privaten Haushalte und den Unternehmenssektor beschränkt, existieren zwei Pole, der Unternehmenspol und der Haushaltspol. Der Haushaltssektor bietet dem Unternehmenssektor Faktorleistungen an und erhält dafür ein entsprechendes Faktoreinkommen (FE). *Faktorleistungen* sind die von Produktionsfaktoren abgegebenen Leistungen. Das *Faktoreinkommen* stellt das Entgelt für die zur Verfügung gestellten Faktorleistungen dar. Es entspricht der Summe aus Löhnen, Gehältern, Mieten, Zinsen und Gewinnen. Aus Sicht der Unternehmen stellen die Faktoreinkommen Kosten dar und werden daher auch als *Faktorkosten* bezeichnet. Faktorkosten bzw. Faktoreinkommen bezeichnen also den monetären Gegenstrom des realen Stroms Faktorleistungen. Mit diesem Faktoreinkommen erwirbt der Haushaltssektor Konsumgüter (C) vom Unternehmenssektor. Die Konsumausgaben entsprechen den Einnahmen des Unternehmenssektors.

Aus diesen Zusammenhängen wird deutlich, daß zwei verschiedene Arten von Kreisläufen - ein realer und ein monetärer Kreislauf - existieren. Der *reale Kreislauf* bildet den Austausch von Gütern und Faktorleistungen ab. Im einfachen Wirtschaftskreislauf besteht dieser aus den Faktorleistungen, die der Haushaltssektor an den Unternehmenssektor abgibt, und den Konsumgütern, die er vom Unternehmenssektor bezieht. Die Ströme des realen Kreislaufs spiegeln sich in ihren monetären Gegenströmen wider. Der *monetäre Kreislauf* beschreibt die in Geldeinheiten bewerteten Ströme. Dies sind die Faktoreinkommen und die Konsumausgaben des Haushaltssektors.

Einem realen Strom steht also ein monetärer Strom gegenüber. Die Faktoreinkommen bzw. die Faktorkosten entsprechen dem monetären Wert der Faktorleistungen, während die Konsumausgaben den monetären Wert der Konsumgüter darstellen.[19]

Der Wert der Produktion läßt sich alternativ wie folgt berechnen:

- Gemäß dem *Produktionskonzept (Outputkonzept)* wird der Wert der Produktion anhand der Werte der produzierten Waren und Dienstleistungen ermittelt.
- Gemäß dem *Einkommenskonzept (Inputkonzept)* wird der Wert der Produktion anhand der bei der Produktion entstandenen Einkommen erfaßt.

Aus diesen Beziehungen folgt, daß die Höhe des Einkommens immer mit der Höhe der Produktion übereinstimmt. Es gilt also: *Produktion ist immer gleich Einkommen bzw. durch Produktion entsteht immer Einkommen.* Der Wert der Produktion entspricht dem Niveau aller Einkommen der inländischen Sektoren. Nur der Wert der Produktion kann in Form von Einkommen auf die einzelnen Wirtschaftssubjekte verteilt werden.

3.3.3 Berücksichtigung der Ersparnisbildung

Der einfache Wirtschaftskreislauf wird nun um folgende Annahmen erweitert: Indem die Haushalte einen Teil ihres Einkommens sparen und die Unternehmen ihre Gewinne nicht vollständig ausschütten, stehen den Unternehmen Mittel für investive Zwecke zur Verfügung. Zur Finanzierung der Investitionen können die Unternehmen auf die Ersparnisse des Haushaltssektors bzw. auf eigene Ersparnisse zurückgreifen. Die Ersparnisse des Unternehmenssektors entsprechen den *nicht ausgeschütteten Gewinnen.*

Die Ersparnisbildung wird durch Einführung des *Vermögensänderungspols* in die Kreislaufanalyse integriert. Im Unterschied zu den beiden sektoralen Polen „Haus-

[19] Liegt dagegen eine monetäre Übertragung vor, dann steht dem monetären Strom kein realer Strom direkt gegenüber. Vgl. Abschnitt 3.4.

halte" und „Unternehmen" ist der Vermögensänderungspol ein rein funktionaler Pol, d.h. er ist durch seine volkswirtschaftliche Funktion definiert.

Zu diesem Pol fließen die Ersparnisse und von diesem Pol fließen die Nettoinvestitionen zu den Unternehmen. Zur Illustration kann man sich diesen Pol als eine Art Finanzmittler vorstellen. Die Haushalte zahlen Geld in diesen Pol ein. Für diese Ersparnisse erhalten sie im Gegenzug Wertpapiere. Gegen Ausgabe von Wertpapieren erhalten die Unternehmen aus diesem Pol finanzielle Mittel für Investitionskäufe. In der folgenden Abbildung wird der Wirtschaftskreislauf einer solchen evolutorischen Volkswirtschaft dargestellt. Um die Abbildung nicht zu überladen, sind lediglich die monetären Ströme abgebildet. [20]

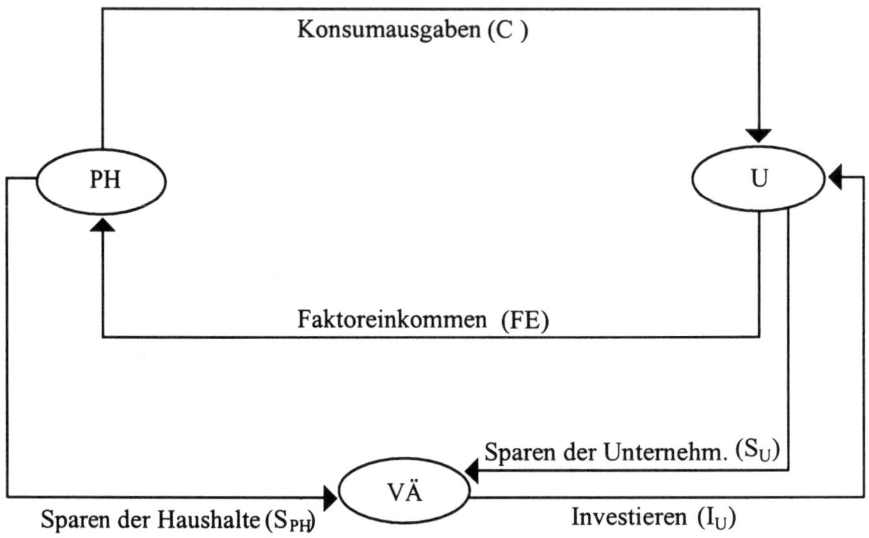

Abb. 3.3: Wirtschaftskreislauf einer evolutorischen Volkswirtschaft

Da für jeden Pol die Summe der Zuflüsse gleich der Summe der Abflüsse ist, gilt:

(3.1) $FE = C + S_{PH}$ (Haushaltspol)

(3.2) $C + I_U = FE + S_U$ (Unternehmenspol)

(3.3) $S_{PH} + S_U = I_U$ (Vermögensänderungspol)

Auf der linken Seite der Gleichungen (3.1) bis (3.3) stehen die jeweiligen Zuflüsse, auf der rechten Seite die jeweiligen Abflüsse. Die Faktoreinkommen des Haushaltssektors FE werden entweder gespart S_{PH} oder für Konsumausgaben C aufgewendet. Was dem Unternehmenssektor an finanziellen Mitteln aus Konsumgüterverkäufen C und aus Nettoinvestitionen I_U zufließt, behält er entweder als Ersparnisse S_U ein oder schüttet sie in Form von Faktoreinkommen FE aus. Die Nettoinvestitionen des Unternehmenssektors I_U werden finanziert durch die Ersparnisse des Haushaltssektors S_{PH} und durch die einbehaltenen Gewinne des Unternehmenssektors S_U. Die Gleichung für den Vermögensänderungspol (3.3) erhält man alternativ durch Addition der Gleichungen (3.1) und (3.2). Die dritte Gleichung ist also von den ersten beiden Gleichungen linear abhängig. Somit wird deutlich, daß durch die Einführung des Vermögensänderungspols der Kreislauf geschlossen wird.

[20] Im weiteren Verlauf dieses Lehrbuches wird auf die Darstellung der realen Ströme stets verzichtet.

Der Wert der Produktion Y kann auf unterschiedliche Arten berechnet werden.[21] Nach dem Outputkonzept entspricht er dem Wert der produzierten Konsum- und Investitionsgüter (*Güterverwendungsseite*):

(3.4) $$Y = C + I_U$$

Alternativ läßt sich der Wert der Produktion über die Verwendung des Einkommens (*Einkommensverwendungsseite*) bestimmen. Das Einkommen einer Volkswirtschaft kann für Konsumausgaben C oder zur Ersparnisbildung S verwendet werden. Daher gilt:

(3.5) $$Y = S + C \quad \text{mit}$$

(3.6) $$S = S_{PH} + S_U$$

Die Ersparnis der privaten Haushalte entspricht jenem Teil des Einkommens der Haushalte, welcher von ihnen nicht konsumiert wird. Die Ersparnis der Unternehmen entspricht der Summe aus produzierten Konsum- und Investitionsgütern abzüglich der geleisteten Faktoreinkommen:[22]

(3.7) $$S_{PH} = FE - C$$

(3.8) $$S_U = C + I_U - FE$$

3.3.4 Ex-post Identität von Investitionen und Ersparnis

Aus den Zu- und Abflüssen des Vermögensänderungspols (3.3) folgt:

(3.9) $$S = I_U$$

Das gleiche Ergebnis erhält man durch Gleichsetzen der Berechnung des Wertes der Produktion nach der Güterverwendungs- (3.4) und nach der Einkommensverwendungsseite (3.5). *In einer geschlossenen Volkswirtschaft stimmt die Ersparnis mit den Nettoinvestitionen nach Ablauf einer Periode stets überein.*

Dieses Ergebnis läßt sich wie folgt begründen: In einer geschlossenen Volkswirtschaft ist der gesamtwirtschaftliche Finanzierungssaldo gleich Null. Die inländischen Finanztransaktionen heben sich auf. Eine Veränderung des Reinvermögens (Ersparnis) kann also nur über eine Veränderung des Sachvermögens, d.h. durch Investitionen, erfolgen.

Alternativ bietet sich folgende Erklärungsmöglichkeit an: Aus der Definition der Einkommensverwendung ergibt sich, daß der Teil des Einkommens, der nicht für Konsumgüter verwendet wird, der Ersparnis entspricht. Aus der Definition der Produktionsverwendung folgt, daß der Teil der Produktion, der nicht für den Konsum bestimmt ist, den Investitionen entspricht. Unter Beachtung, daß der Wert der Produktion mit dem Wert der entstandenen Einkommen übereinstimmt, folgt das Ergebnis, daß die Investitionen gleich den Ersparnissen sind.

Es ist wichtig, darauf hinzuweisen, daß es sich bei der Gleichung (3.9) um eine ex-post Identität handelt. Ex-post müssen Ersparnisse und Investitionen immer übereinstimmen, nicht jedoch ex-ante. *Ex-post* Größen sind Größen, die nach Ablauf einer bestimmten Periode ermittelt werden. *Ex-ante* Größen sind dagegen geplante

---

[21] In Kapitel 4 werden wir sehen, daß neben den hier angeführten Möglichkeiten der Berechnung des Wertes der Produktion noch zwei weitere existieren.

[22] Diese Beziehungen folgen aus den Gleichungen (3.1) und (3.2).

Größen. Ermittelt man z.B. am 31.12. eines Jahres die durchgeführten Investitionen des abgelaufenen Jahres, dann handelt es sich um eine ex-post Betrachtung. Die Investitionen sind realisiert worden. Wird überlegt, wie hoch die Investitionen in der nächsten Periode ausfallen sollen, liegt eine ex-ante Betrachtung vor. Es handelt es sich hierbei um geplante Größen, die nicht zwingend realisiert werden.

Der Unterschied zwischen ex-ante und ex-post Analysen soll anhand verschiedener Beispiele erläutert werden. Im ersten Fall wird angenommen, daß die von den Haushalten und den Unternehmen geplante Ersparnis genau den geplanten Investitionen der Unternehmen entspricht. Die Unternehmen planen eine Produktion Y von 400 Geldeinheiten. Sie rechnen mit Einnahmen aus dem Verkauf von Konsumgütern an die Haushalte in Höhe von C = 300. Die Unternehmen planen, die darüber hinausgehende Produktion im Wert von 100 Geldeinheiten zu investieren. Aus der Produktion erhalten die Haushalte ein Faktoreinkommen von 400 Geldeinheiten. Hiervon planen sie, 300 Geldeinheiten für Konsumausgaben aufzuwenden und 100 Geldeinheiten zu sparen. Die geplanten Ersparnisse der Haushalte S^g entsprechen den geplanten Investitionen I^g der Unternehmen:

(3.10) $$S^g = I^g = 100$$

Es liegt daher ein ex-ante Gleichgewicht vor. Da die Wünsche aller Wirtschaftssubjekte übereinstimmen, kommt es weder zu ungeplanten Ersparnissen S^u noch zu ungeplanten Investitionen I^u:

(3.11) $$S^u = I^u = 0$$

Die realisierten Ersparnisse S^t entsprechen auch den realisierten Investitionen I^t:

(3.12) $$S^t = I^t = 100.$$

Die ex-post Identität ist somit ebenfalls erfüllt.

Im zweiten Fall soll angenommen werden, daß die Unternehmen höhere Konsumausgaben erwarten, als die Haushalte planen. Bei einer Produktion in Höhe von 400 GE gehen die Unternehmen davon aus, daß die Haushalte ihr gesamtes Einkommen für Konsumausgaben in Höhe von 400 GE verwenden. Die geplanten Investitionen sind Null. Die Haushalte planen entgegen den Erwartungen der Unternehmen jedoch nur Konsumausgaben in Höhe von 300 GE und eine Ersparnis in Höhe von 100 GE. Geplante Investitionen und geplante Ersparnis fallen auseinander:

(3.13) $$S^g > I^g$$

Es liegt kein ex-ante Gleichgewicht vor. Da die Unternehmen sich in ihren Erwartungen verschätzt haben, müssen sie jenen Teil der Konsumgüter, der nicht von den Haushalten gekauft wird, auf Lager nehmen. Diese Lagerinvestitionen stellen ungeplante Investitionen der Unternehmen in Höhe von 100 GE dar. Dies ist genau der Betrag, den die Haushalte nicht für Konsumzwecke verwendet, sondern gespart haben. Die realisierten Investitionen entsprechen demnach den ex-ante geplanten Investitionen in Höhe von 0 GE zuzüglich der ungeplanten Investitionen in Höhe von 100 GE:

(3.14) $$I^t = I^g + I^u = 100$$

Die realisierte Ersparnis der Volkswirtschaft entspricht der geplanten Ersparnis der Haushalte in Höhe von 100 GE:

(3.15) $S^t = 100$

Daraus folgt, daß die realisierte Ersparnis mit den realisierten Investitionen übereinstimmt.

(3.16) $S^t = I^t = 100$

Die ex-post Identität ist somit erfüllt.

Alternativ hätte man argumentieren können, daß die Unternehmen die Preise reduzieren und somit die Haushalte zum Kauf zusätzlicher Gütereinheiten bewegen. Es wird zur Vereinfachung unterstellt, daß die Haushalte für einen Betrag von 300 Geldeinheiten nun die Güter für den ursprünglichen Wert von 400 GE erhalten. In diesem Fall sind die ungeplanten Investitionen im Unternehmenssektor Null. Jedoch erhalten die Unternehmen 100 Geldeinheiten weniger als die Produkte wert sind. Im Unternehmenssektor tritt dadurch eine ungeplante Ersparnis von minus 100 Geldeinheiten auf, die zusammen mit der Ersparnis des Haushaltssektors eine gesamtwirtschaftliche Ersparnis von Null generiert, die den realisierten Investitionen von Null entspricht. Auch hier ist die ex-post Identität erfüllt. Das gleiche Ergebnis hätte man auch erhalten, wenn die Unternehmen die nicht verkauften Produkte vernichtet hätten oder die Produkte verdorben wären.

Im dritten Fall soll angenommen werden, daß die Unternehmen eine geringere Konsumnachfrage erwarten als die Haushalte planen. Die Unternehmen nehmen an, daß sie von ihrer Produktion in Höhe von 400 GE Konsumgüter im Werte von 300 GE absetzen können. Die restliche Produktion in Höhe von 100 GE planen sie als Investitionen ein. Die Haushalte dagegen planen, ihr Einkommen in Höhe von 400 GE in voller Höhe für Konsumausgaben aufzuwenden. Die geplante Ersparnis ist Null. Offensichtlich kommt es hier zu keiner Übereinstimmung zwischen geplanter Ersparnis und geplanten Investitionen. Somit liegt kein ex-ante Gleichgewicht vor.

Es läßt sich aber auch hier wieder nachweisen, daß die ex-post Identität zwischen Ersparnis und Investitionen nach Ablauf einer Periode gewährleistet ist. Reagieren die Unternehmen mit einem Lagerabbau, so entstehen negative ungeplante Lagerinvestitionen in Höhe der Überschußnachfrage nach Konsumgütern:

(3.17) $I^u = -100$

Die ex-post Investitionen setzen sich aus den geplanten und den ungeplanten Investitionen zusammen:

(3.18) $I^t = I^g + I^u = 100 - 100 = 0$

Die realisierte Ersparnis in der Volkswirtschaft richtet sich nach den geplanten Ersparnissen der Haushalte:

(3.19) $S^t = 0$

Realisierte Investitionen und realisierte Ersparnis stimmen somit überein.

Der Nachfrageüberhang kann die Unternehmen veranlassen, die Lieferfristen zu verlängern. Dadurch werden die Haushalte zu einem temporären Konsumverzicht und damit zu ungeplanten Ersparnissen in Höhe des Angebotsdefizits gezwungen. Der realisierte Konsum C^t entspricht dem von den Unternehmen erwarteten Konsum:

(3.20) $C^t = 300$

Das restliche Einkommen der Haushalte wird ungeplant gespart:

(3.21) $S^u = 100$

Die realisierten Ersparnisse der Volkswirtschaft entsprechen demnach den von den Unternehmen geplanten und gleichzeitig den realisierten Investitionen:

(3.22) $S^t = S^g + S^u = 100 = I^t$

Die Unternehmen könnten schließlich ihre Verkaufspreise erhöhen, wobei unterstellt wird, daß die Haushalte die Güter mit einem Produktionswert von 300 Geldeinheiten für 400 Geldeinheiten erwerben. Die Haushalte geben zwar ihr gesamtes Einkommen aus, erhalten aber nur Güter im Wert von 300 GE. Die Unternehmen erwirtschaften hierdurch Mehreinnahmen in Höhe von 100 GE, durch die ihre Gewinne um ebensoviel zunehmen. Diese Gewinne, die nicht für Faktorleistungen ausgezahlt werden, erhöhen die Ersparnis der Unternehmen um 100 GE. Dies stellt eine ungeplante Ersparnis dar. Die realisierte Ersparnis der Volkswirtschaft von 100 GE entspricht wiederum den realisierten Investitionen von 100 GE.

Aus diesen Überlegungen folgt, daß ex-post immer gilt:

	$S^t = I^t$
wobei	$S^t = S^g + S^u$
und	$I^t = I^g + I^u$

Ein ex-ante Gleichgewicht existiert jedoch nur, wenn

	$S^u = I^u = 0$
bzw.	$S^g = I^g$

erfüllt ist.

Halten wir folgendes als Ergebnis fest: Nach Ablauf einer Periode (ex-post) gilt immer I = S. Ein ex-ante Gleichgewicht liegt aber nur dann vor, wenn die zu Beginn der Periode aufgestellten Pläne im Zeitverlauf in Erfüllung gehen. Aus den geschilderten Beispielen wird auch deutlich, daß die Aussage, es könnten ohne vorherige Ersparnis keine Investitionen vorgenommen werden, nicht uneingeschränkt richtig ist. Sparen und Investieren finden gleichzeitig statt. Ersparnisse und Investitionen sind zwei Seiten derselben Medaille.

3.3.5 Exkurs: Reaktionen auf Ungleichgewichte

Im vorausgegangenen Abschnitt wurde nachgewiesen, daß ex-post die Investitionen mit den Ersparnissen übereinstimmen, ex-ante jedoch auseinanderfallen können. Von wirtschaftspolitischer Bedeutung ist die Frage, wie Wirtschaftssubjekte mit ihren Planungen auf Ungleichgewichte reagieren. Ausgehend von einem ex-ante Ungleichgewicht gibt es verschiedene Anpassungsmechanismen an ein ex-ante Gleichgewicht. In der klassischen Betrachtung geschieht die Anpassung über den Kreditmarktzins, während sie nach keynesianischer Auffassung über das Einkommen stattfindet. Diese Anpassungsmechanismen sind Gegenstand der makroökonomischen Theorie. Um die Bedeutung der verschiedenen Prozesse bezüglich der Stabilität einer Volkswirtschaft deutlich zu machen und die Leserin (den Leser) zum Studium der Volkswirtschaftlichen Gesamtrechnung zu motivieren, werden diese im folgenden kurz skizziert.[23] Wir verlassen also für einen kleinen Augenblick den Rahmen der Volkswirtschaftlichen Gesamtrechnung.

3.3.5.1 Die klassische Sicht

Ein Gleichgewicht am Gütermarkt entspricht einem Gleichgewicht am Kreditmarkt. Über den Kreditzins wird der Kreditmarkt ins Gleichgewicht gebracht. Ein Gleichgewicht liegt in der geschlossenen Volkswirtschaft dann vor, wenn ex-ante die zinsabhängigen Ersparnisse mit den zinsabhängigen Investitionen auf dem Kreditmarkt übereinstimmen. Auf dem Kreditmarkt ergibt sich hieraus der gleichgewichtige Kreditzins, der auch ein Gleichgewicht am Gütermarkt impliziert.

Geht z.B. ausgehend von einer Gleichgewichtssituation die Güternachfrage zurück, dann entsteht am Gütermarkt ein Angebotsüberhang. Aufgrund des Rückgangs der geplanten Güternachfrage nimmt die geplante Ersparnis zu. Am Kreditmarkt entsteht gleichzeitig ein Angebotsüberhang. Investitionen und Ersparnis stimmen ex-ante nicht überein. Das Überschußangebot auf dem Gütermarkt hat demnach ein Überschußangebot auf dem Kreditmarkt zur Folge. Das Überschußangebot auf dem Kreditmarkt induziert eine Reduktion des Kapitalmarktzinses. Mit sinkendem Kreditmarktzins fallen mehr Investitionsvorhaben der Unternehmen in den Bereich positiver Gewinne, so daß die Unternehmen ihre Investitions- und Kreditnachfrage ausdehnen. Gleichzeitig belebt der fallende Zins die Konsumneigung und reduziert die Sparneigung. Der Kreditmarktzins sinkt so lange, bis das Gleichgewicht auf dem Kreditmarkt wiederhergestellt ist. Die Investitionen entsprechen dann ex-ante der Ersparnis.

Am Ende des Anpassungsprozesses kommt es zu keinen Beschäftigungseinbußen. Der Zinssatz sorgt dafür, daß sich jedes Angebot die eigene Nachfrage schafft. Dies ist die Aussage des *Say'schen Theorems*.

3.3.5.2 Die keynesianische Sicht

Nach der keynesianischen Auffassung geschieht die Anpassung an das Gütermarktgleichgewicht über die Produktion bzw. über das Einkommen. Herrscht am Gütermarkt ein Angebotsüberhang, so impliziert dies, daß die Produktion und das Einkommen die geplanten Investitions- und Konsumausgaben übersteigen. Hierdurch ist die einkommensabhängige Ersparnis der Haushalte zu hoch. Die Unternehmen sehen sich zu ungeplanten Investitionen gezwungen und reagieren hierauf mit einer Einschränkung der Produktion. Die Produktion, und damit das Einkommen, sinkt so lange, bis das Gleichgewicht auf dem Gütermarkt wiederhergestellt ist und auf dem Kreditmarkt die einkommensabhängigen Ersparnisse auf das Niveau der geplanten Investitionen gesunken sind.

Die Anpassung an das Gleichgewicht geht mit Beschäftigungseinbußen einher. Das Güterangebot paßt sich vollkommen flexibel an die Güternachfrage an.[24]

---

[23] Zur weiterführenden Analyse vgl. Feess/Tibitanzl (1997).

[24] Es sei darauf hingewiesen, daß diese Aussagen unter der Voraussetzung der Existenz einer Investitions- bzw. Liquiditätsfalle zutreffen. Vgl. hierzu ausführlich Feess/Tibitanzl (1997) S. 90 ff.

3.4 Wirtschaftskreislauf in einer geschlossenen Volkswirtschaft mit staatlichen Aktivitäten

3.4.1 Aufgaben des Staates

Bevor die staatlichen Aktivitäten in den Wirtschaftskreislauf integriert werden, wollen wir an dieser Stelle kurz die Gründe beleuchten, warum der Staat in den Wirtschaftskreislauf eingreift. Die Aufgaben des öffentlichen Sektors bestehen in der Allokations-, Distributions- und Stabilisierungsfunktion.

In einer marktwirtschaftlich organisierten Volkswirtschaft wird die Verteilung der Ressourcen und die Verteilung der Güter über den Marktmechanismus geregelt. Damit der Marktmechanismus zu einer optimalen Allokation führt, dürfen jedoch keine externen Effekte vorliegen und die Anwendung des Ausschlußprinzips muß möglich sein. Entstehen z.B. bei der Produktion eines Gutes Abgase, so nimmt das betrachtete Unternehmen das Gut Umwelt bei seiner Produktion in Anspruch, ohne daß das Unternehmen für die verursachten Schäden aufkommen muß. Die Produktionskosten, die bei dem Unternehmen anfallen, sind daher niedriger als die volkswirtschaftlichen Produktionskosten, mit der Folge, daß die Preise niedriger und der Konsum höher als unter Einrechnung der Umweltkosten ausfallen. In einer solchen Situation fällt dem Staat die Aufgabe der *Korrektur der Allokation* zu. Eine Korrektur ist z.B. dadurch möglich, daß durch die Erhebung einer Abgabe die Kosten der Umweltbelastung internalisiert werden.

Ein weiterer Grund für staatliche Eingriffe aus allokativer Sicht liegt vor, wenn das *Ausschlußprinzip*, wie z.B. bei Leuchttürmen, versagt. Fehlt das Ausschlußprinzip, so wird sich für die betreffenden Güter kein Markt bilden. Dem Staat fällt dann die Aufgabe zu, diese Güter der Allgemeinheit ohne direktes Entgelt zur Verfügung zu stellen. Die aus allokativen Gründen unentgeltlich bereitgestellten Güter werden als *öffentliche Güter im engeren Sinne* bezeichnet.

Des weiteren zählen auch solche Güter zu den öffentlichen Gütern, die aus sozialen oder politischen Gründen nicht über Märkte angeboten werden.[25] Dies sind z.B. Schulen und Kindergärten. Finanziert werden die Ausgaben aus öffentlichen Mitteln wie Steuern und Kreditaufnahmen. Bei diesen Gütern steht die Distributionsfunktion im Vordergrund.

Die *Distributionsfunktion* erfaßt die umverteilende Funktion des Staates. Hierzu zählen die Umverteilungen von Einkommen und Vermögen. Einkommensumverteilungen können als erforderlich angesehen werden, wenn die Einkommensverteilung, die sich aus dem Marktprozeß ergibt, als unerwünscht betrachtet wird. Durch korrigierende Eingriffe, wie ein progressives Steuersystem, Sozialhilfe oder die öffentliche Bereitstellung von Gütern wie z.B. Schulen kann der Staat die durch den Marktprozeß entstandene *Primärverteilung* beeinflussen. Durch das progressive Steuersystem wird das verfügbare Einkommen bei steigendem Bruttoeinkommen unterproportional zunehmen. Die hieraus entstehenden staatlichen Einnahmen können z.B. nach sozialen Gesichtspunkten an ärmere Bevölkerungsgruppen umverteilt werden.

---

[25] Es ist also streng zwischen dem öffentlichen Charakter eines Gutes im Sinne von kollektiv nutzbar und der Bereitstellung eines Gutes durch die öffentliche Hand zu unterscheiden. Nicht alle Güter, welche durch die öffentliche Hand bereitstellt werden, haben kollektiven Charakter.

Im Rahmen seiner *Stabilisierungsfunktion* versucht der Staat, auftretende Konjunkturzyklen auszugleichen. In Phasen mit hoher Arbeitslosigkeit kann der Staat z.B. durch Subventionen oder Steuererleichterungen einerseits eine Kostenentlastung der Unternehmen und andererseits eine Erhöhung der verfügbaren Einkommen der Haushalte anstreben. Dies führt zu einer Ausweitung der Güternachfrage. Höhere Staatsausgaben stimulieren die Nachfrage zusätzlich. Dagegen kann in Boom-Phasen einer konjunkturellen Überhitzung entgegengewirkt werden, indem durch Steuererhöhungen das verfügbare Einkommen der Haushalte reduziert wird. Auch eine Einschränkung der staatlichen Aufträge senkt die gesamtwirtschaftliche Nachfrage. Auf diese Weise kann der Staat kompensatorisch in den Wirtschaftsprozeß eingreifen.[26]

3.4.2 Der Wirtschaftskreislauf

Wir haben in Abschnitt 3.2 gesehen, daß öffentliche Institutionen in öffentliche Haushalte und öffentliche Unternehmen eingeteilt werden können. Öffentliche Unternehmen werden dabei dem Sektor Unternehmen zugeordnet. Für den Wirtschaftskreislauf ergeben sich durch die Beachtung öffentlicher Unternehmen keine Veränderungen. Modifikationen resultieren jedoch durch die Aufnahme der öffentlichen Haushalte. Zur Erfassung der Transaktionen des öffentlichen Haushaltes ist ein weiterer Pol in die Kreislaufanalyse einzubeziehen. Folgende zusätzliche Ströme sind zu erfassen:

- Beziehungen zwischen öffentlichem Haushalt und den privaten Haushalten: Die privaten Haushalte erhalten Einkommen in Form von Gehältern vom öffentlichen Sektor für die Bereitstellung von Faktorleistungen. Des weiteren leistet der öffentliche Haushalt Transferzahlungen wie Kindergeld und Sozialhilfe. Die privaten Haushalte entrichten Steuern an den öffentlichen Haushalt und zahlen Gebühren für die Nutzung öffentlicher Einrichtungen.
- Beziehungen zwischen dem öffentlichen Haushalt und den Unternehmen: Der öffentliche Haushalt kauft von den Unternehmen Faktoren, die für die Bereitstellung öffentlicher Güter benötigt werden, und leistet Subventionszahlungen an die Unternehmen. Die Unternehmen zahlen Steuern wie die Körperschafts- und die Gewerbesteuer an den öffentlichen Haushalt.
- Beziehungen zwischen dem öffentlichen Haushalt und dem Vermögensänderungskonto: Der öffentliche Haushalt tätigt Nettoinvestitionen und Ersparnisse.

In der Abb. 3.4 ist der um die Transaktionen der öffentlichen Haushalte erweiterte Wirtschaftskreislauf dargestellt. Wiederum werden die realen Ströme der Übersichtlichkeit wegen vernachlässigt.

Es ist zu beachten, daß bestimmten monetären Strömen, wie z.B. Steuerzahlungen, Transferzahlungen und Subventionen, keine realen Ströme direkt gegenüberstehen. Umgekehrt existieren reale Ströme, denen unmittelbar keine monetären Ströme gegenüberstehen. Hierzu zählen die unentgeltlich abgegebenen Dienstleistungen des öffentlichen Sektors.

---

[26] Ob es dem Staat allerdings durch eine derartige diskretionäre Wirtschaftspolitik gelingen kann, die Konjunkturzyklen zu glätten, ist umstritten. Von Kritikern der diskretionären Wirtschaftspolitik wird vorgetragen, daß der Staat bei dem Versuch, die Konjunkturzyklen zu glätten, genau das Gegenteil, nämlich eine Verstärkung dieser Zyklen, erreicht. Vgl. hierzu ausführlich Feess/Tibitanzl (1996) S. 109 ff.

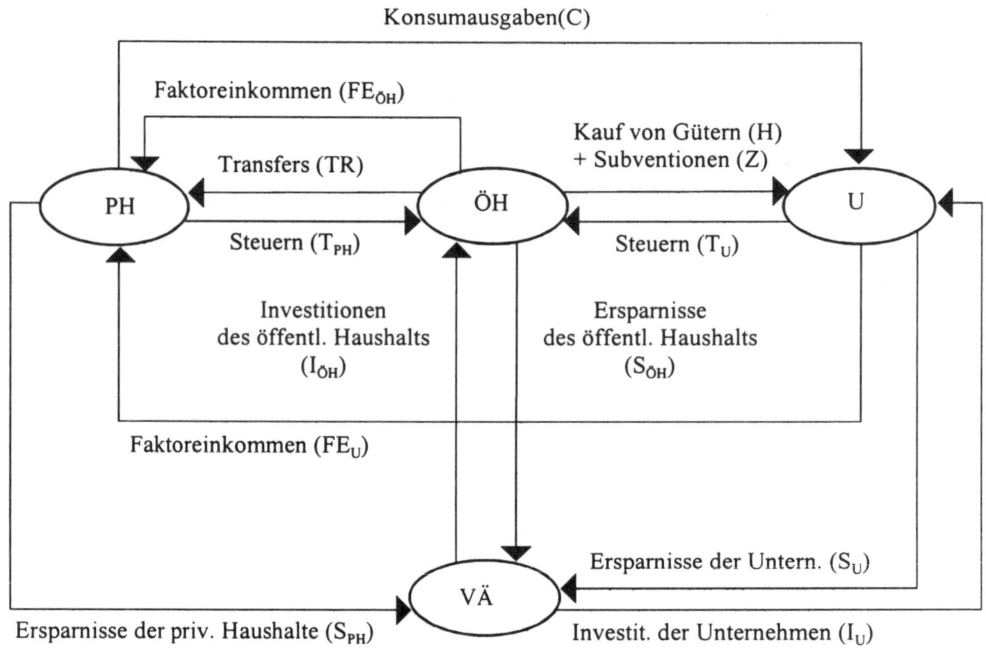

Abb. 3.4: Wirtschaftskreislauf einer geschlossenen Volkswirtschaft mit staatlichen Aktivitäten

Bezüglich der Güterkäufe des öffentlichen Sektors vom Unternehmenssektor (H) ist zu berücksichtigen, daß es sich dabei um Vorleistungs- und Investitionsgüterkäufe handeln kann. Mit Hilfe dieser Güter und mit den Faktorleistungen der privaten Haushalte produziert der öffentliche Haushalt Güter, die er ohne Entgelt bereitstellt. Diesen Wert bezeichnet man als *öffentlichen Konsum*, *Staatskonsum, Staatsverbrauch* oder *Eigenverbrauch* (G). Dieser Strom kann aufgrund der unentgeltlichen Bereitstellung der öffentlichen Güter, da nur die monetären Ströme abgebildet werden, nicht direkt in der Abb. 3.4 sichtbar gemacht werden. Der Wert des öffentlichen Konsums läßt sich jedoch aus den an die privaten Haushalte geleisteten Faktoreinkommen und den vom Unternehmenssektor erworbenen Gütern abzüglich der öffentlichen Investitionen errechnen:[27]

(3.23) $$G = H + FE_{ÖH} - I_{ÖH}$$

Für jeden Sektor können analog zum einfachen Wirtschaftskreislauf die Zu- und Abflüsse in Gleichungsform erfaßt werden, wobei auf der linken Seite die Zuflüsse und auf der rechten Seite die Abflüsse stehen. Das Geldvermögen, das der private Haushaltssektor durch Faktoreinkommen aus dem Unternehmenssektor FE_U und aus dem öffentlichen Sektor $FE_{ÖH}$ sowie durch öffentliche Transfers TR erhält, verwendet er zum Kauf von Konsumgütern C, zur Ersparnis S_{PH} und zu Steuerzahlungen T_{PH}:

(3.24) $$FE_U + FE_{ÖH} + TR = C + S_{PH} + T_{PH}$$ (Sektor der priv. Haushalte)

Durch die Erlöse der Unternehmen aus dem Verkauf von Konsumgütern C und von Gütern H, die der öffentliche Haushalt nachfragt, sowie die staatlichen Subventionen Z und die Nettoinvestitionen I_U entstehen dem Unternehmenssektor Zuflüsse an finanziellen Mitteln. Diese werden neben der Ersparnis der Unterneh-

[27] Dabei wurde von einer möglichen Gebührenerhebung des öffentlichen Haushalts abstrahiert.

men S_U aufgewandt, um die Faktorleistungen des privaten Haushaltssektors in Höhe von FE_U und die Steuern T_U zu finanzieren:

(3.25) $C + H + Z + I_U = FE_U + S_U + T_U$ (Unternehmenssektor)

Die Einkünfte, die der öffentliche Sektor aus Steuereinnahmen von Unternehmen T_U und Haushalten T_{PH} sowie seinen Nettoinvestitionen $I_{ÖH}$ erzielt, verwendet er darauf, Käufe von Unternehmen H, Subventionen an Unternehmen Z, Transfers an private Haushalte TR, öffentliche Ersparnis $S_{ÖH}$ und die Faktorentlohnung $FE_{ÖH}$ zu finanzieren.

(3.26) $T_U + T_{PH} + I_{ÖH} = H + Z + TR + S_{ÖH} + FE_{ÖH}$ (Sektor der öffentlichen Haushalte)

Aus dem Vermögensänderungspol resultiert schließlich die Beziehung:

(3.27) $S_{PH} + S_U + S_{ÖH} = I_U + I_{ÖH}$ (Vermögensänderungspol)

Aus dem Vermögensänderungspol erkennt man, daß die Investitionen der Unternehmen I_U und des öffentlichen Haushalts $I_{ÖH}$ durch die Ersparnisse aller drei Sektoren ermöglicht werden. Werden die in der Gleichung (3.27) enthaltenen Größen aggregiert, erhält man wieder die Identität von Ersparnis und Investition, wie sie allgemein in geschlossenen Volkswirtschaften gilt.

Für die Berechnung des Wertes der Produktion nach der Güterverwendungsseite gilt:

(3.28) $Y = C + I_{ÖH} + I_U + G$

Die Berechnung des Wertes der Produktion nach der Einkommensverwendungsseite ergibt:

(3.29) $Y = C + G + S_{PH} + S_U + S_{ÖH}$

Die Ersparnisse der einzelnen Sektoren lassen sich aus den Gleichungen (3.24) bis (3.26) berechnen. [28]

3.4.3 Auswirkungen eines öffentlichen Defizits

Aus dem Kreislaufschema können die möglichen Auswirkungen von Finanzierungsdefiziten öffentlicher Haushalte sichtbar gemacht werden. Unter Beachtung von

(3.30) $S_{ÖH} = I_{ÖH} + FS_{ÖH}$ und $-FS_{ÖH} = FD_{ÖH} = I_{ÖH} - S_{ÖH}$

ergibt sich aus der Gleichung (3.27):

(3.31) $S_{PH} + S_U - I_U = I_{ÖH} - S_{ÖH} = FD_{ÖH}$ FD = Finanzierungsdefizit

Die Differenz zwischen öffentlichen Nettoinvestitionen und öffentlicher Ersparnis ist gleich dem Finanzierungsdefizit des öffentlichen Haushalts $FD_{ÖH}$. Es gilt also: *Das Finanzierungsdefizit des öffentlichen Haushalts entspricht nach Ablauf einer Periode den Ersparnissen der privaten Haushalte und der Unternehmen abzüglich den Nettoinvestitionen der Unternehmen.*

Dies ist wiederum eine ex-post Identität, die in einer geschlossenen Volkswirtschaft nach Ablauf einer Periode immer Gültigkeit besitzt. Aus Gleichung (3.31)

---

[28] Gleichung (3.27) erhält man auch durch Gleichsetzung von (3.28) mit (3.29).

ist ersichtlich, welche Auswirkungen eine Erhöhung des öffentlichen Finanzierungsdefizits haben kann. Eine Erhöhung des Finanzierungsdefizits des öffentlichen Haushalts führt zu einer Erhöhung der rechten Seite der Gleichung (3.31). Da die ex-post Identität (3.31) immer erfüllt ist, muß auch der Wert der linken Seite der Gleichung (3.31) nach Ablauf einer Periode steigen. Dies kann geschehen, indem die Ersparnis der privaten Haushalte und die der Unternehmen steigt oder die Nettoinvestitionen der Unternehmen sinken.

Aufgabe der makroökonomischen Theorie ist es herauszufinden, unter welchen Voraussetzungen sich die einzelnen Szenarien einstellen. Nachfrage- und Angebotstheoretiker sagen hier unterschiedliche Reaktionen voraus. Die divergierenden Auffassungen werden hier kurz angedeutet. Die *Nachfragetheoretiker* gehen von einer unterbeschäftigten Volkswirtschaft aus. Die Verwendung des Staatsdefizits für den Kauf von Gütern führt zu einem Anstieg der Produktion und damit zu einem Anstieg der privaten Einkommen, wodurch die Möglichkeiten der privaten Ersparnisbildung zunehmen. Aus dieser zusätzlichen Ersparnis kann der öffentliche Haushalt Mittel zur Finanzierung seines Defizits schöpfen, ohne daß es zwingend zu einer Beeinträchtigung der Investitionen kommen muß. Die *Angebotstheoretiker* unterstellen eine vollbeschäftigte Volkswirtschaft. Indem der Staat zur Finanzierung seines erhöhten Budgetdefizits Kredite nachfragt, erhöht er das Zinsniveau. Dadurch werden Investitionen der Unternehmen in Höhe des Anstiegs der Staatsverschuldung verdrängt. Die Verdrängung der Investitionen durch steigende Zinsen bezeichnet man als zinsinduziertes crowding out.

3.5 Wirtschaftskreislauf einer offenen Volkswirtschaft

3.5.1 Der Wirtschaftskreislauf

Im folgenden wird das Ausland in die Kreislaufanalyse einbezogen. Hierzu wird ein fünfter Pol „Ausland" eingeführt. Um den Kreislauf übersichtlich zu gestalten, wird zur Vereinfachung angenommen, daß nur der Unternehmenssektor Waren- und Dienstleistungen ein- und ausführt und nur die privaten Haushalte Übertragungen an das Ausland leisten. Dabei ist wiederum zu beachten, daß nur die monetären Ströme dargestellt werden. Im einzelnen werden folgende Transaktionen zusätzlich berücksichtigt:

- Importe von Waren und Dienstleistungen aus dem Ausland: Diese werden durch einen Zahlungsstrom vom Unternehmenssektor an das Ausland angezeigt.
- Exporte von Waren und Dienstleistungen an das Ausland: Dies führt zu einem Strom vom Ausland an den Unternehmenssektor.
- Die von den privaten Haushalten geleisteten Nettoübertragungen an das Ausland führen zu einem Strom vom Haushaltspol zum Auslandspol.
- Durch den Waren- und Dienstleistungsexport sowie den empfangenen Übertragungen steigen die Nettoauslandsforderungen des Inlands, wodurch der Finanzierungssaldo und damit auch die Ersparnis der Volkswirtschaft zunimmt. Durch den Waren- und Dienstleistungsimport sowie den geleisteten Übertragungen sinken die Nettoauslandsforderungen bzw. steigen die Nettoverbindlichkeiten des Inlands, wodurch sich der Finanzierungssaldo der Volkswirtschaft verschlechtert. Die Zusammenfassung von Waren- und Dienstleistungsex- und -importen (X-M) mit den Nettoübertragungen (Ü) liefert den Saldo der Leistungsbilanz:

(3.32) $LBS = X - M - Ü$

Der Leistungsbilanzsaldo ist, sofern keine Vermögensübertragungen von Finanzvermögen vorliegen, mit dem Finanzierungssaldo einer Volkswirtschaft identisch.[29]

In der Abb. 3.5 wird der Wirtschaftskreislauf einer offenen Volkswirtschaft unter den vereinfachenden Annahmen dargestellt.

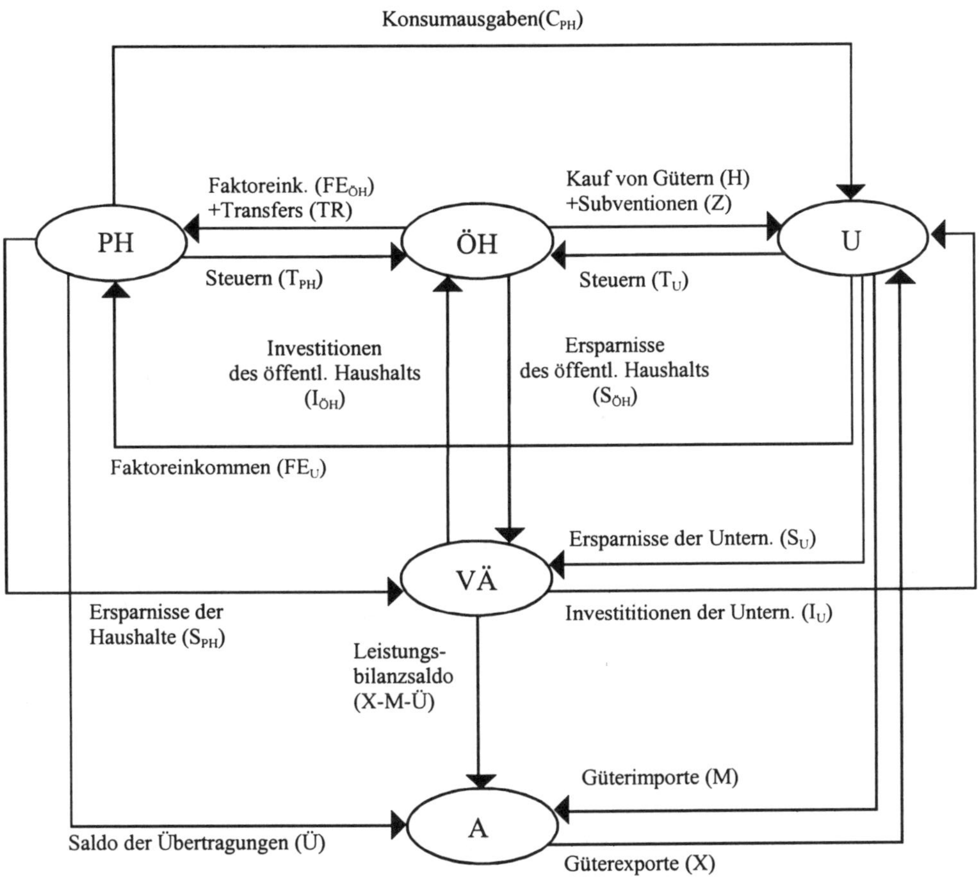

Abb. 3.5: Wirtschaftskreislauf einer offenen Volkswirtschaft

In Gleichungsform erhält man für die einzelnen Pole folgende Zusammenhänge:

(3.33) $FE_U + TR + FE_{ÖH} = C + S_{PH} + T_{PH} + Ü$ (Sektor der priv. Haushalte)

(3.34) $C + I_U + X + Z + H = FE_U + S_U + T_U + M$ (Unternehmenssektor)

(3.35) $M + Ü + (X - M - Ü) = X$ (Auslandspol)

(3.36) $T_U + T_{PH} + I_{ÖH} = H + TR + Z + FE_{ÖH} + S_{ÖH}$ (Sektor der öffentl. Haush.)

(3.37) $S_{PH} + S_U + S_{ÖH} = I_U + I_{ÖH} + (X - M - Ü)$ (Vermögensänderungspol)

Auf der linken Seite der Gleichungen (3.33) bis (3.37) stehen wiederum die Zuflüsse zu den einzelnen Polen, während auf der rechten Seite die Abflüsse ste-

[29] In den Übertragungen sind nach der Neukonzeption der Zahlungsbilanz aus dem Jahr 1995 Vermögensübertragungen nicht mehr enthalten. Nach dem früheren Zahlungsbilanzkonzept entsprach der Leistungsbilanzsaldo dem Finanzierungssaldo, nach der Neukonzeption ist der Leistungsbilanzsaldo gleich der Differenz aus Ersparnis und Investitionen. Vgl. Abschnitt 6.6.

hen. Die Gleichungen für die Sektoren der privaten und der öffentlichen Haushalte entsprechen, bis auf die Übertragungen der privaten Haushalten Ü, denen des Wirtschaftskreislaufs einer geschlossenen Volkswirtschaft mit öffentlichem Sektor (Gleichungen 3.24 und 3.26). Im Unternehmenssektor sind dagegen im Vergleich zu einer geschlossenen Volkswirtschaft zusätzliche Zuflüsse in Höhe der Exporte X und zusätzliche Abflüsse in Höhe der Importe M zu berücksichtigen. Dem Ausland fließt gemäß Gleichung (3.35) Geldvermögen in Höhe der inländischen Importe M, der Übertragungen des Inlands an das Ausland Ü und in Höhe des Leistungsbilanzsaldos des Inlands (X–M–Ü) zu. Hiermit werden die inländischen Exporte X finanziert. Durch die Ersparnisse aller drei Sektoren der Volkswirtschaft werden neben den öffentlichen und unternehmerischen Investitionen auch die Leistungsbilanzüberschüsse (X–M–Ü) finanziert, wie sich an der Gleichung (3.37) des Vermögensänderungspols ablesen läßt.

Für die Berechnung des Wertes der Produktion resultiert:

(3.38) $$Y = C + I_{ÖH} + I_U + G + X - M$$ (Güterverwendung)

(3.39) $$Y = S_{PH} + S_U + S_{ÖH} + C + G + Ü$$ (Einkommensverwendung)

Gleichung (3.38) gibt den Wert der Produktion nach der Berechnung über die Güterverwendungsseite an. Sie ist für eine abgelaufene Periode immer erfüllt. Die in der Volkswirtschaft produzierten Güter werden für Konsumzwecke, Investitionsprojekte, Staatsverbrauch oder Exporte verwendet. Um den Wert der heimischen Produktion zu erhalten, müssen die Importe, die sich aus importierten Vorleistungen, importierten Investitionsgütern und importierten Konsumgütern zusammensetzen, subtrahiert werden. Bei der Interpretation der Gleichung (3.38) ist zu beachten, daß in C sämtliche im Inland konsumierten Güter unabhängig davon, ob sie im In- oder Ausland produziert worden sind, erfaßt werden. Gleiches gilt für die Investitionsgüter.

Aus der Gleichung (3.38) können die möglichen Auswirkungen einer Erhöhung des Staatsverbrauchs abgelesen werden. Durch eine Erhöhung des Staatsverbrauchs kann die Summe auf der rechten Seite zunehmen oder konstant bleiben. Ändert sich Y nicht, dann führt die Erhöhung des Staatsverbrauchs zu einer Verdrängung der Konsum-, Investitions- oder Auslandsnachfrage oder zu einer Erhöhung des Imports. Es ist wiederum Aufgabe der Makroökonomischen Theorie, die Voraussetzungen für die einzelnen Szenarien herauszufinden.

Gleichung (3.39) stellt die Bestimmung der Produktion nach der Einkommensverwendungsseite dar. Mit dem in der Produktion entstehenden Einkommen werden Ersparnisse angelegt, private Konsumausgaben getätigt, der Staatsverbrauch und Nettoübertragungen an das Ausland finanziert.

3.5.2 Die Ex-post Identität von Ersparnissen und der Summe aus Investitionen und Leistungsbilanzsaldo

Aus dem Vermögensänderungspol resultiert folgender Zusammenhang:[30]

(3.40) $$S_{ÖH} + S_{PH} + S_U = I_U + I_{ÖH} + X - M - Ü$$

Faßt man die Ersparnisse und die Investitionen der einzelnen Sektoren der Volkswirtschaft zu der gesamtwirtschaftlichen Ersparnis S und den gesamtwirtschaftlichen Investitionen I zusammen, so ergibt sich folgende Beziehung:

---

30 Die Gleichung (3.40) resultiert auch aus der Gleichsetzung von (3.38) mit (3.39).

(3.41) $S = I + LBS$

In einer offenen Volkswirtschaft entspricht ex-post die Ersparnis S immer der Summe aus Investitionen I und dem Leistungsbilanzsaldo LBS.

3.5.3 Auswirkungen eines öffentlichen Defizits

In diesem Abschnitt soll darauf eingegangen werden, welche Auswirkungen ein Finanzierungsdefizit des öffentlichen Haushalts in einer offenen Volkswirtschaft induzieren kann. Als Ausgangspunkt wird die Gleichung des gesamtwirtschaftlichen Vermögensänderungspols gewählt. Nach Umformung von Gleichung (3.37) gilt:

(3.42) $S_{PH} + S_U - I_U - (X - M - \ddot{U}) = I_{\ddot{O}H} - S_{\ddot{O}H} = FD_{\ddot{O}H}$

Das Finanzierungsdefizit des öffentlichen Haushalts entspricht der Summe aus privaten Ersparnissen abzüglich der privaten Nettoinvestitionen und dem Leistungsbilanzsaldo.

Bei einer Veränderung des Finanzierungsdefizits gelten ähnliche Überlegungen wie in Abschnitt 3.4.3, wobei zusätzlich die Wirkungen auf die Transaktionen mit dem Ausland zu berücksichtigen sind. Durch eine Erhöhung des öffentlichen Finanzierungsdefizits steigt der Wert der rechten Seite der Gleichung (3.42). Nach Ablauf einer Periode muß die linke Seite der Gleichung (3.42) ebenfalls größer geworden sein. Ausgeglichen werden kann dieses Defizit durch eine Erhöhung der gesamtwirtschaftlichen Ersparnis, eine Verringerung der Investitionen im privaten Sektor oder durch eine Verringerung des Leistungsbilanzsaldos.

Die möglichen Anpassungsformen bezüglich der privaten Investitionen und der privaten Ersparnis sind bereits in Abschnitt 3.4.3 erläutert worden. Zusätzlich kann sich nun durch das gestiegene Staatsdefizit der Leistungsbilanzsaldo verändern.

Die Möglichkeit einer induzierten Verschlechterung der Leistungsbilanz läßt sich wie folgt begründen: Durch die Kreditaufnahme des Staates kommt es zu einem Zinsschub. Kapitalanlagen im Inland werden attraktiver, d.h. es fließt Finanzkapital aus dem Ausland in die Volkswirtschaft. Dieser Nettokapitalimportüberschuß induziert eine Erhöhung des Angebots an ausländischen Devisen am Devisenmarkt, wodurch der Preis der ausländischen Währung sinkt. Die inländische Währung wird aufgewertet. Hierdurch entsteht ein Wettbewerbsnachteil der inländischen Exportgüterindustrie, da der relative Preis der inländischen Güter steigt. Bei einer preiselastischen Export- und Importnachfrage verringert sich die Nachfrage nach heimischen Exportgütern, während die Nachfrage nach Importgütern aus dem Ausland steigt. Dies löst eine Verschlechterung der Leistungsbilanz aus.[31]

Ein Beispiel liefert die Politik der USA in den 80er Jahren. Während der Amtsperiode Reagans wurden die Staatsausgaben bei gleichzeitiger Reduktion der Steuersätze drastisch erhöht und ein enormes Finanzierungsdefizit aufgebaut, wodurch die amerikanischen Zinsen anstiegen. Es kam zu gewaltigen Kapitalzuflüssen, die insbesondere in der ersten Hälfte der 80er Jahre starke Aufwertungen des US$ induzierten. Damit verbunden waren enorme Leistungsbilanzdefizite.

---

[31] Es sei darauf hingewiesen, daß eine Aufwertung der Währung unter bestimmten Voraussetzungen auch zu einer Verbesserung der Leistungsbilanz führen kann. Zum Zusammenhang zwischen Aufwertung und Leistungsbilanzentwicklung vgl. z.B. Rose/Sauernheimer (1995)

3.6 Zusammenfassung

Die wichtigsten Erkenntnisse des vorliegenden Kapitels werden an dieser Stelle noch einmal zusammengefaßt.

- Produktion ist immer gleich Einkommen. Der Wert der Produktion läßt sich daher sowohl über die Verwendung der Produktion als auch über die Verwendung des Einkommens berechnen.
- In einer geschlossenen Volkswirtschaft nehmen die Investitionen und die Ersparnisse nach Ablauf einer Periode stets identische Werte an. Stimmen geplante Investitionen und geplante Ersparnisse überein, dann liegt ein ex-ante Gleichgewicht vor. Bei einem ex-ante Ungleichgewicht entstehen ungeplante Aktivitäten. Die Wirtschaftssubjekte reagieren darauf mit einer Revidierung ihre Pläne. Inwieweit durch einen Nachfragerückgang Arbeitslosigkeit entstehen kann, hängt von den Annahmen über die Anpassungsfähigkeit der Volkswirtschaft auf Datenänderungen ab.
- In einer offenen Volkswirtschaft entsprechen die Ersparnisse nach einer abgelaufenen Periode der Summe aus Nettoinvestitionen und Leistungsbilanzsaldo.
- Der Wert der Produktion ist gleich der Summe der Werte aus privaten und öffentlichen Konsumgütern, Investitionsgütern und Exportgütern abzüglich der Importgüter.
- Eine Erhöhung des öffentlichen Defizits kann eine Erhöhung der privaten Ersparnis, eine Reduktion der privaten Investitionen oder eine Verschlechterung des Leistungsbilanzsaldos bewirken.

4. Die Erfassung ökonomischer Aktivitäten in Kontenform

4.1 Überblick

Im folgenden wird das System der Volkswirtschaftlichen Gesamtrechnung dargestellt. Im Mittelpunkt der Volkswirtschaftlichen Gesamtrechnung steht der Versuch, die wichtigsten Ströme der Kreislaufanalyse empirisch zu ermitteln. Mit Hilfe der Volkswirtschaftlichen Gesamtrechnung soll u.a. ein Überblick über die Entwicklung der Konjunktur, der Einkommensverteilung und der sektoralen Entwicklung gegeben werden.

Die Darstellung der Transaktionen mit Hilfe der Kreislaufanalyse wird bei einer großen Zahl von unterschiedlichen Transaktionen unübersichtlich. Zur besseren Überschaubarkeit werden in diesem Kapitel die ökonomischen Aktivitäten in Kontenform erfaßt. Diese Konten werden nach zwei Gesichtspunkten unterteilt. Zum einen werden die Konten nach *funktionellen Aspekten*, d.h. nach Tätigkeiten im Produktionsprozeß, gegliedert. Zu diesem Zweck werden Produktionskonten (Abschnitt 4.2), Einkommenskonten (Abschnitt 4.3), Vermögensänderungskonten (Abschnitt 4.4), Finanzierungskonten (Abschnitt 4.5) und Auslandskonten (Abschnitt 4.6) gebildet. Neben dieser funktionellen Aufspaltung wird eine *institutionelle Unterteilung* vorgenommen. Die verschiedenen Konten werden jeweils sektorspezifisch für den Unternehmenssektor, den Sektor der privaten Haushalte und den Sektor der öffentlichen Haushalte aufgestellt und im Anschluß daran zu nationalen Konten aggregiert.

Aus didaktischen Gründen werden die verschiedenen Konten zunächst aus Sicht eines Unternehmens oder aus Sicht eines Haushalts aufgestellt. In der Praxis ist diese Vorgehensweise nicht möglich. Statt dessen werden die Individuen zu Sektoren aggregiert und die Konten werden für die einzelnen Sektoren aufgestellt. Die Aufstellung von individuellen Konten verfolgt den Zweck, die Grundzusammenhänge sichtbar zu machen.

Die Aufstellung des nationalen Produktionskontos kann nach dem Inlandskonzept, welches sich auf die geographischen Grenzen einer Volkswirtschaft bezieht, und nach dem Inländerkonzept, das sich auf die von Inländern eingesetzten Ressourcen konzentriert, erfolgen. Aus dem Produktionskonto nach dem Inlandskonzept lassen sich das Bruttoinlands- und das Nettoinlandsprodukt ableiten, während sich aus dem Produktionskonto nach dem Inländerkonzept das Bruttosozial- und das Nettosozialprodukt berechnen lassen. Die Sozialproduktsberechnungen anhand des Produktionskontos entsprechen den Berechnungen nach der Güterverwendungsseite. Hierbei können je nach Einbeziehung der Abschreibungen Brutto- und Nettogrößen unterschieden werden. Je nachdem, ob der Saldo aus indirekten Steuern und Subventionen in die Berechnungen mit einfließt, resultieren Größen zu Marktpreisen oder zu Faktorkosten.

Das Vermögensänderungskonto, das in Abschnitt 4.4 dargelegt wird, läßt sich wiederum in ein sektorales und in ein nationales Konto aufgliedern. Aus diesen Konten können die Finanzierungssalden der einzelnen Sektoren und der Finanzierungssaldo einer Volkswirtschaft bestimmt werden. Ein Unterkonto des Vermögensänderungskontos ist das Kreditänderungs- oder Finanzierungskonto (Abschnitt 4.5), welches die Veränderungen von Forderungen und Verbindlichkeiten gegenüberstellt.

Das Sammelbecken aller Transaktionen mit dem Ausland ist schließlich das Auslandskonto, das in Abschnitt 4.6 erläutert wird.

4.2 Das Produktionskonto

4.2.1 Einführung

Das *Produktionskonto* beschreibt alle Transaktionen, die sich aus dem Produktionsprozeß innerhalb einer Volkswirtschaft ergeben. Wie in Abschnitt 3.3 dargestellt, entstehen durch die Produktion Einkommen, die auf die am Produktionsprozeß beteiligten Wirtschaftssubjekte verteilt werden. Mit Hilfe des Produktionskontos wird der Wert der Produktion eines Sektors oder der gesamten Volkswirtschaft ermittelt, der als Einkommen den Wirtschaftssubjekten zufließen kann. Im folgenden Abschnitt wird zunächst der volkswirtschaftliche Produktionsprozeß charakterisiert. Je nach ihrer Zugehörigkeit zu den volkswirtschaftlichen Sektoren sind für die jeweiligen Wirtschaftssubjekte unterschiedliche Teile des Produktionsprozesses relevant. In den Abschnitten 4.2.3 bis 4.2.5 werden die Produktionskonten der einzelnen Sektoren dargestellt. In Abschnitt 4.2.6 werden die Produktionskonten aller drei Sektoren zu einem nationalen Produktionskonto zusammengefaßt, aus dem sich das Sozialprodukt einer Volkswirtschaft berechnen läßt.

4.2.2 Der Produktionsprozeß

Unter *Produktion* versteht man die Veränderung bestehender oder die Schaffung neuer Güter.[32] *Güter* dienen direkt oder indirekt der Befriedigung menschlicher Bedürfnisse. Sie werden in *Sachgüter* (Waren), *Dienstleistungen* und *Nutzungen* eingeteilt. Sachgüter oder Waren unterscheiden sich von den Dienstleistungen und den Nutzungen durch ihre Lager- und Transportfähigkeit. Dienstleistungen, wie z.B. Taxifahrten, gehen im Zeitpunkt der Produktion unter. Nutzungen unterscheiden sich von den Dienstleistungen dadurch, daß sie nicht Ergebnis des Produktionsprozesses des betrachteten Zeitraums sind. Zu den Nutzungen zählen die von Gebäuden oder Maschinen abgegebenen Leistungen.

Die Erzeugung von Gütern erfolgt im Produktionsprozeß, der mit Hilfe der Abb. 4.1 beschrieben wird.

Ein *Produktionsprozeß* bildet die Beziehung zwischen den eingesetzten Mengen an Produktionsfaktoren und den hergestellten Produkten ab. Die im Produktionsprozeß eingesetzten Faktoren werden in *Vorleistungen* und *Faktorleistungen* eingeteilt. Vorleistungen umfassen *nicht dauerhafte Güter,* die im Produktionsprozeß ihre Gestalt verändern bzw. ihre Eigenständigkeit verlieren (z.B. Schrauben), oder im Produktionsprozeß untergehen (z.B. Öl) und in der betrachteten Periode im Produktionsprozeß eingesetzt worden sind. Diese nicht dauerhaften Güter können aus selbst produzierten Lagerbeständen oder aus Käufen von anderen Unternehmen stammen. Des weiteren umfassen Vorleistungen auch *Dienstleistungen*, die von anderen Unternehmen gekauft werden. Hierzu zählen z.B. von anderen Unternehmen durchgeführte Reinigungsarbeiten oder Unternehmensberatungen. Die von den Produktionsfaktoren der betrachteten Unternehmen abgegeben Nutzungen

---

32 Die folgenden Ausführungen orientieren sich an Stobbe (1994) S. 2 ff.

werden als *Faktorleistungen* bezeichnet. Zu diesen zählen jene Leistungen, die von den in dem Unternehmen arbeitenden Menschen abgegeben werden (Arbeitsleistungen), die Nutzung des Faktors Boden sowie die abgegebenen Leistungen der dauerhaften Güter (Nutzungen der dauerhaften Produktionsmittel) des Unternehmens.

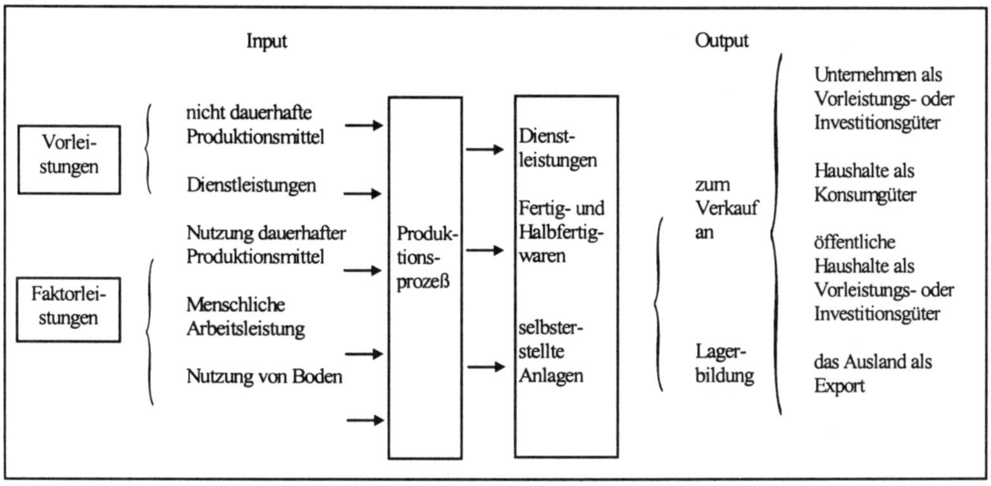

Abb. 4.1: Der Produktionsprozeß[33]

Betrachtet werden nun die im Produktionsprozeß erzeugten Güter. Sie können entweder in dem Unternehmen verbleiben oder verkauft werden. Die in dem Unternehmen verbleibenden Produkte sind zum einen Lagerinvestitionen in Form von noch nicht verkauften End- oder Vorprodukten für den eigenen Produktionsprozeß und zum anderen Investitionsgüter in Form von selbsterstellten Anlagen. Ein Beispiel hierfür ist die Nutzung selbsterstellter PCs in einer Computerfirma.

Produkte, die nicht in dem Unternehmen verbleiben, können im Inland oder an das Ausland verkauft werden. Die im Inland verbleibenden Produkte werden hinsichtlich der Käufer weiter untergliedert. Andere Unternehmen und öffentliche Haushalte kaufen Vorleistungen zum Verbrauch in ihrem Produktionsprozeß oder Investitionsgüter, die ihren Kapitalstock erhöhen. Da private Haushalte definitionsgemäß nicht produzieren, werden sämtliche von den Haushalten gekaufte Güter als Konsumgüter betrachtet.[34] Die an das Ausland verkauften Produkte werden ungeachtet ihrer dortigen Verwendung als Exporte bezeichnet.

4.2.3 Produktionskonto Unternehmen

Das *Produktionskonto* eines Unternehmens umfaßt sämtliche Transaktionen, die mit dem Produktionsprozeß des Unternehmens in Verbindung stehen.

Auf der linken Seite des Produktionskontos finden wir die monetäre Erfassung der im Produktionsprozeß eingesetzten Faktoren und auf der rechten Seite die monetäre Bewertung der produzierten Güter. Anhand des Produktionskontos eines Unternehmens können folgende Fragen beantwortet werden:

- Wie berechnet man den Wert der in einer Periode von einem Unternehmen verkauften Güter, selbsterstellten Anlagen und gelagerten eigenen Erzeugnisse? (*Produktionswert*)

[33] In Anlehnung an Stobbe (1994) S. 5.

[34] Zur näheren Begründung vgl. Abschnitt 4.2.5.

– Wie berechnet man den Wert, den ein Unternehmen in einer Periode den von anderen Unternehmen bezogenen Vorleistungen hinzugefügt hat? (*Bruttowertschöpfung*)
– Wie berechnet man den Wert, den ein Unternehmen in einer Periode auf die an der Produktion beteiligten Personen verteilen kann? (*Nettowertschöpfung*)

Produktionskonto Unternehmen	
1. Käufe von Vorleistungen • aus dem Inland • aus dem Ausland	5. Verkäufe von Vorleistungen • an Unternehmen • an den Staat
2. Abschreibungen	6. Verkäufe an private Haushalte
3. Indirekte Steuern minus Subventionen	7. Verkäufe von Investitionsgütern • an Unternehmen • an den Staat
4. Nettowertschöpfung • Löhne und Gehälter • Mieten/Pachten • Zinsen • Gewinne aus Produktionstätigkeit	8. Bestandsänderungen an eigenen Erzeugnissen 9. Selbsterstellte Anlagen 10. Verkäufe an das Ausland

Auf der rechten Seite des Produktionskontos findet man den Wert der verkauften Produkte, den Wert der selbsterstellten Anlagen und den Wert der Bestandsänderungen an eigenen Erzeugnissen. Die Summe aus diesen Werten entspricht dem *Produktionswert* des Unternehmens, wobei der Wert der Bestandsänderungen an eigenen Erzeugnissen auch negativ werden kann. Dies ist dann der Fall, wenn die Lagerzugänge geringer als die Lagerabgänge ausfallen.

Die Bewertung der produzierten Güter erfolgt, soweit möglich, gemäß den erzielten Marktpreisen. Dieses Prinzip ist jedoch nicht für alle produzierten Güter anwendbar. Für die Lagerinvestitionen an eigenen Erzeugnissen sowie für die selbsterstellten Anlagen sind keine Verkaufserlöse erzielt worden. Die Erfassung der Bestandsänderungen an eigenen Erzeugnissen und selbsterstellten Anlagen kann daher nur nach der Höhe der Herstellungskosten erfolgen. Diese Transaktionen stellen Verkäufe des Unternehmens an sich selbst dar.

Des weiteren ist zu beachten, daß die von anderen Unternehmen gekauften Investitionsgüter nicht im Produktionskonto erfaßt werden, da sie nicht dem Produktionsprozeß des betrachteten Unternehmens entstammen.

In dem Produktionswert sind noch Werte enthalten, die andere Unternehmen geschaffen haben. Anhand eines Beispiels läßt sich dies verdeutlichen. Ein Bäcker kauft Getreide für 80,- DM und produziert damit Brot. Dieses Brot veräußert er für 225,- DM. In den 225,- DM sind also 80,- DM enthalten, die der Bäcker nicht selbst geschaffen hat. Es handelt sich hierbei um *Vorleistungen*. Vorleistungen sind dabei von Vorprodukten zu unterscheiden.[35] *Vorprodukte* sind nicht dauerhafte Produktionsmittel, die während der laufenden Periode im Produktionsprozeß nicht eingesetzt worden sind. Da die Vorprodukte noch nicht verbraucht worden sind, werden sie (noch) nicht im Produktionskonto erfaßt.[36]

35 Vgl. auch Abschnitt 2.3.

36 Vorprodukte werden, wie weiter unten beschrieben, im Vermögensänderungskonto unter den Lagerinvestitionen erfaßt.

Zur Berechnung der Bruttowertschöpfung müssen die Vorleistungen vom Produktionswert abgezogen werden.

Produktionswert	225
./. Vorleistungen	80
Bruttowertschöpfung	145

Die *Bruttowertschöpfung* gibt den Wert der Produktion an, den ein Unternehmen selbst geschaffen hat, bzw. den Wert, den das betrachtete Unternehmen den Vorleistungen hinzugefügt hat.

Die Bruttowertschöpfung entspricht aber noch nicht dem Wert, über den das Unternehmen verfügen kann bzw. die Bruttowertschöpfung entspricht noch nicht dem Wert der im Produktionsprozeß entstandenen Einkommen. Unter volkswirtschaftlichen Gesichtspunkten wird unter *Einkommen* der Betrag subsumiert, der in einer Periode höchstens konsumiert werden kann, ohne daß das Sachvermögen am Ende der Periode abgenommen hat. Soll das Sachvermögen erhalten bleiben, müssen in Höhe der *Abschreibungen Ersatzinvestitionen* getätigt werden. *Abschreibungen* sind der wertmäßige Verschleiß der im Produktionsprozeß eingesetzten Produktionsanlagen. Der Bruttoproduktionswert muß also um die Abschreibungen korrigiert werden, um zur *Nettowertschöpfung* zu gelangen. Angenommen, in unserem Beispiel betragen die Abschreibungen 75,- DM. Werden die Abschreibungen von der Bruttowertschöpfung subtrahiert, dann verbleibt ein Betrag von 70,- DM. Allerdings kann der Bäcker diesen Wert noch nicht auf die bei der Produktion beteiligten Personen, sich selbst, seine Mitarbeiter sowie die Fremdkapitalgeber verteilen. Der Grund liegt darin, daß in der Bruttowertschöpfung neben den Abschreibungen auch noch andere Elemente enthalten sind, die nicht als Kosten der Produktionsfaktoren betrachtet werden können und daher auch nicht als Bestandteil der Wertschöpfung gelten. Diese Elemente stehen nicht als Faktoreinkommen zur Verfügung.

Zu den *Faktorkosten* gehören alle Einkommen, die als Gegenwert für die Bereitstellung der in den Produktionsprozeß eingehenden Produktionsfaktoren angesehen werden. Diese entsprechen dem Wert der entstandenen *Faktoreinkommen* aus selbständigen und unselbständigen Tätigkeiten. Da die indirekten Steuern und die Subventionen nicht als Entgelt für die eingesetzten Produktionsfaktoren gezahlt werden, müssen diese bei der Ermittlung der Faktorkosten herausgerechnet werden.

Indirekte Steuern sind nach amtlicher Unterscheidung alle Steuern, welche die Einkommensverwendung betreffen. Sie erhöhen den Marktpreis des Produktes über das bei der Produktion entstandene Einkommen. Die indirekten Steuern umfassen alle Steuern oder ähnliche Abgaben, die der Staat bei Unternehmen erhebt und die bei der Ermittlung des steuerpflichtigen Gewinns von den Erträgen abgezogen werden dürfen bzw. die unabhängig von der Gewinnhöhe an den Staat abzuführen sind. Hierzu zählen die Mehrwertsteuer (Umsatzsteuern), die Einfuhrabgaben (Zölle, Verbrauchssteuern auf Einfuhren) und die Produktionssteuern (Verbrauchssteuern wie Mineralölsteuer, Tabaksteuer, Alkoholsteuer, Gewerbe,- Grund- und Kraftfahrzeugsteuern). Durch die Abführung der indirekten Steuern reduziert sich der Verteilungsspielraum des Unternehmens. Im Unterschied hierzu sind *direkte Steuern* einkommensabhängig. Sie zielen auf die Besteuerung der Einkommenserzielung ab. Zu den direkten Steuern zählen z.B. die Einkommens- und die Körperschaftssteuer.

Beim Kauf von Produkten von anderen Unternehmen hat das betrachtete Unternehmen bereits Umsatzsteuern gezahlt. Diese Umsatzsteuer kann es mit der zu leistenden Umsatzsteuer verrechnen. Es verbleiben die nichtabziehbaren Umsatzsteuern, die an das Finanzamt gemeinsam mit den Produktionssteuern überwiesen werden müssen. Im oben angeführten Produktionskonto sind die nichtabzugsfähige Umsatzsteuer sowie die Produktionssteuern gemeinsam in der Position indirekte Steuern erfaßt. An folgendem Beispiel soll die Ermittlung der nicht abzugsfähigen Umsatzsteuer verdeutlicht werden:

	ohne Steuern	Mehrwertsteuer
A liefert Vorleistungen an B	100 DM	15,00 DM
B verkauft an C	150 DM	22,50 DM
Steuerpflicht des B		7,50 DM

Das Unternehmen A liefert Vorleistungen im Wert von 100,- DM an das Unternehmen B. Hierauf muß es eine Mehrwertsteuer von 15% aufschlagen, so daß es dem Unternehmen B einen Preis von 115,- DM berechnet. Das Unternehmen B läßt die Vorleistung von A in seinem Produktionsprozeß einfließen. Das Endprodukt hat einen Wert von 150,- DM und wird an C verkauft. Allerdings muß auch das Unternehmen B einen Mehrwertsteuersatz von 15%, also 22,50 DM, auf seinen Produktpreis aufschlagen. Der Preis von 172,50 DM, den C zahlt, beinhaltet nur einen Produktionswert von 150,- DM, der durch Einsatz der Produktionsfaktoren der Unternehmen A und B entstanden ist. Den Betrag von 22,50 DM müssen beide Unternehmen insgesamt an den Staat abführen. 15,- DM führt Unternehmen A ab. Von den 22,50 DM, die das Unternehmen B an Mehrwertsteuer erhält, kann es die 15,- DM Mehrwertsteuer abziehen, die es bereits an Unternehmen A gezahlt hat. Die nichtabzugsfähige Umsatzsteuer und somit die Steuerpflicht des Unternehmens B beträgt daher 7,50 DM.

Das Wesen der indirekten Steuern ist also, daß sie für das betrachtete Unternehmen durchlaufende Posten darstellen. Sie sollen vom Konsumenten getragen werden. Die Unternehmen nehmen diese Beträge für den Staat ein und leiten sie an das Finanzamt weiter.

Kehren wir nun zurück zu der eingangs gestellten Frage, welchen Wert der Bäcker auf die an der Produktion beteiligten Personen verteilen kann. Aus den vorausgegangenen Ausführungen geht hervor, daß der Bäcker einerseits die indirekten Steuern noch abziehen muß. Andererseits beziehen Unternehmen für die Produktion *Subventionen* vom Staat. Subventionen sind unentgeltliche Zuwendungen, welche die Faktorkosten eines Unternehmens verringern. Subventionen werden mit dem Ziel geleistet, die Existenz der Unternehmen in Perioden, in denen die Marktpreise die Kosten nicht decken, zu gewährleisten oder die Preise der von diesen Unternehmen produzierten Gütern zu reduzieren. Im Produktionskonto werden allerdings nur die Subventionen, nicht aber Vergünstigungen, z.B. Steuervergünstigungen, ausgewiesen. Weiter zu beachten ist, daß im Produktionskonto nur Subventionen für die laufende Produktion erfaßt werden. Subventionen für Investitionsprojekte (Investitionszuschüsse) bleiben unberücksichtigt, da diese nicht laufend, sondern einmalig gezahlt werden. Es handelt sich hierbei um Vermögensübertragungen.[37] Investitionszuschüsse werden im Vermögensänderungskonto unter den Vermögensübertragungen erfaßt.

Subventionen erhöhen den zur Verteilung auf die Produktionsfaktoren zur Verfügung stehenden Betrag und lassen mehr Einkommen entstehen als durch den Markt bestimmt wird. Daher müssen sie bei der Ermittlung der Nettowertschöpfung zur Bruttowertschöpfung addiert werden.

Angenommen, der Bäcker im obigen Beispiel muß 7,- DM indirekte Steuern zahlen und erhält eine Subvention von 2,- DM. Für die Nettowertschöpfung zu Faktorkosten ergibt sich dann:

Bruttowertschöpfung	145
./. Abschreibungen	75
./. (indirekte Steuern ./. Subventionen)	5
Nettowertschöpfung zu Faktorkosten	
= Faktoreinkommen	
= Einkommen aus den Faktorleistungen	65

Die *Nettowertschöpfung zu Faktorkosten* ist der Gesamtwert der in einem Unternehmen im Produktionsprozeß geschaffenen *Bruttoeinkommen*. Diese Wertschöpfung kann auf die am Produktionsprozeß beteiligten Personen verteilt werden. Sie entspricht daher dem Einkommen aus Faktorleistungen bzw. dem Faktoreinkommen.

Bei der Beurteilung der Auswirkungen von indirekten Steuern und Subventionen auf den Produktionswert und auf die Wertschöpfung ist darauf zu achten, ob eine ex-ante oder eine ex-post Analyse durchzuführen ist. Wie erwähnt ist die Volkswirtschaftliche Gesamtrechnung eine ex-post Betrachtung. Die Verkaufserlöse sind realisiert worden, indirekte Steuern sind geleistet und Subventionen empfangen worden. Die Nettowertschöpfung resultiert daher aus den oben beschriebenen Berechnungen. Im Rahmen einer ex-ante Betrachtung wird die Frage diskutiert, wie Änderungen von indirekten Steuern und Subventionen Produktionswerte und Wertschöpfungen beeinflussen. Ob indirekte Steuern vollständig auf die Preise überwälzt werden, hängt von den Marktformen und von den Zielsetzungen der Unternehmen ab. Analoges gilt für die direkten Steuern. In die Berechnung der Bruttowertschöpfung, der Nettowertschöpfung und des Produktionswertes einer abgelaufenen Periode gehen die direkten Steuern nicht ein. Können direkte Steuern allerdings auf die Preise überwälzt werden, dann führt jedoch eine Variation der direkten Steuersätze ex ante zu einer Veränderung der oben angeführten Größen in der folgenden Periode.

Der Teil des aus der Produktion entstehenden Einkommens, der nicht zur Bezahlung der Faktorleistungen ausgegeben wird, ist der *Bruttogewinn* eines Unternehmens aus der *Produktionstätigkeit*. Der Bruttogewinn ist eine Restgröße. Im obigen Beispiel muß der Bäcker Löhne, Gehälter und Mieten von seiner Nettowertschöpfung abziehen, um den Bruttogewinn zu erhalten.

[37] Vermögensübertragungen werden einmalig gezahlt. Bei Einkommensübertragungen handelt es sich um wiederkehrende Zahlungen. Vgl. herzu Abschnitt 2.4.1.

4.2.4 Produktionskonto öffentliche Haushalte

Das Produktionskonto eines öffentlichen Haushalts ist folgendermaßen aufgebaut:

Produktionskonto öffentliche Haushalte	
1. Käufe von Vorleistungen • von inländischen Unternehmen • aus dem Ausland	4. Entgeltlich abgegebene Dienstleistungen (Benutzergebühren)
2. Abschreibungen	5. Selbsterstellte Anlagen
3. Nettowertschöpfung • Löhne und Gehälter • Mieten/Pachten	6. Unentgeltlich abgegebene Dienstleistungen (Eigenverbrauch)

Wie im Produktionskonto eines Unternehmens stehen auch auf der linken Seite des Produktionskontos öffentlicher Haushalte die im Produktionsprozeß eingesetzten Vorleistungen, die Abschreibungen sowie die Nettowertschöpfung. Dabei ist auf folgende Besonderheiten hinzuweisen:

- Abschreibungen entfallen nur auf zivil genutzte Gebäude. Dagegen wird angenommen, daß öffentlich genutzte Anlagen wie Autobahnen und Brücken eine unbegrenzte Nutzungsdauer haben. Die Aufwendungen für die Instandhaltungen werden daher als Vorleistungen verbucht.
- Die Nettowertschöpfung umfaßt nicht die gezahlten Zinsen, da die staatliche Kreditaufnahme nicht in bezug zur öffentlichen Produktionstätigkeit steht, sondern größtenteils der Deckung des Haushaltsdefizits dient. Eine exakte Zuordnung der Zinszahlungen zur Produktion des öffentlichen Haushalts bzw. zur staatlichen Umverteilung ist nicht möglich.
- Des weiteren enthält die Nettowertschöpfung keine Gewinne aus der Produktion. Auf die Begründung wird weiter unten eingegangen.
- Die Verpflichtung zur Entrichtung einer indirekten Steuer besteht in der Regel nicht.[38]
- Es erscheinen keine Lagerbestände an Endprodukten im Produktionskonto des öffentlichen Haushalts, da Dienstleistungen nicht lagerfähig sind.

Auf der rechten Seite des Produktionskontos stehen die Benutzergebühren, die selbsterstellten Anlagen und der Eigenverbrauch des Staates. *Benutzergebühren* sind Gebühren, die in direktem Zusammenhang zur erbrachten Leistung stehen. Hierzu zählen z.B. Eintrittsgelder für einen Schwimmbadbesuch, Gebühren für die Müllabfuhr oder Parkgebühren. Nur diese erscheinen im Produktionskonto des öffentlichen Haushalts. Verwaltungsgebühren werden dagegen nicht im Produktionskonto erfaßt. Bei den *Verwaltungsgebühren,* wie Gerichtsgebühren, Gebühren für Pässe und Führerscheine, läßt sich ein direkter Zusammenhang der Gebühren zur Inanspruchnahme der öffentlichen Leistungen nicht herstellen. Diese Einkünfte des öffentlichen Haushalts werden im Einkommenskonto verbucht.

In geringfügigem Ausmaß stellen öffentliche Haushalte selbst Investitionsgüter her. Ein Beispiel hierfür wäre, wenn die Arbeiter des Städtischen Bauamtes selbst Grünanlagen errichten oder öffentliche Bedienstete einen Deich anlegen.

[38] Vgl. hierzu ausführlich Stobbe (1994) S. 121.

Der *Eigenverbrauch* - synonym auch als *staatlicher Konsum, öffentlicher Konsum* oder *Staatsverbrauch* bezeichnet - ist der Wert der durch den Staat unentgeltlich bereitgestellten Dienstleistungen. Es handelt sich hierbei um einen *Realtransfer.* Durch den Begriff Eigenverbrauch wird suggeriert, daß der Sektor öffentliche Haushalte die produzierten Güter selbst in Anspruch nimmt. Bei der Berechnung des Eigenverbrauchs treten folgende *Probleme* auf:

Die von den öffentlichen Haushalten produzierten Güter und Dienstleistungen werden bis auf wenige Ausnahmen kostenlos zur Verfügung gestellt. Zwar zahlt der Bürger Steuern für diese öffentlichen Leistungen, jedoch läßt sich hier keine unmittelbare Zuordnung von Steuern und Inanspruchnahme der öffentlichen Güter herstellen. Da die von den öffentlichen Haushalten bereitgestellten Güter und Dienstleistungen nicht verkauft werden, haben sie keinen Marktwert. Zur Bestimmung des Wertes des Eigenverbrauchs könnte man versuchen, sogenannte *Pseudomarktpreise* zu ermitteln, die sich bei entgeltlicher Abgabe der Dienstleistungen einstellen würden. Ein derartiger Versuch scheitert aber schon daran, daß für die meisten öffentlichen Güter keine Vergleichspreise ermittelt werden können.[39] Eine Berechnung des Eigenverbrauchs über die Erlösseite scheidet somit aus. Daher kann die Berechnung des Wertes des Eigenverbrauchs nur über die Kostenseite erfolgen. *Der Eigenverbrauch berechnet sich daher aus den Kosten der Produktion (Vorleistungskäufe,[40] Abschreibungen, Nettowertschöpfung) abzüglich des Wertes der selbsterstellten Anlagen sowie den Benutzergebühren.* Da der Eigenverbrauch nur über die Kosten, nicht jedoch über Verkäufe zu ermitteln ist, läßt sich kein Gewinn errechnen. Im Gegensatz zu dem Produktionskonto der Unternehmen enthält die Nettowertschöpfung des öffentlichen Haushalts daher keine Gewinnkomponente. Problematisch an dieser Vorgehensweise ist die implizite Annahme, daß die Empfänger dieser Leistungen diese auch in der bereitgestellten Art und dem bereitgestellten Umfang wünschen.

Bei der Ermittlung der Sozialproduktgrößen wird implizit angenommen, daß der Staatsverbrauch zur Endnachfrage zu zählen ist. Sofern private Haushalte Empfänger dieser Leistungen sind, ist diese Vorgehensweise unproblematisch. Nutzen aber Unternehmen diese Leistungen, z.B. die kostenlos angebotene Infrastruktur als Inputfaktor, so stellt der Staatsverbrauch Vorleistungen für die Unternehmen dar. Die Sozialproduktwerte werden dann um den Staatsverbrauch zu hoch ausgewiesen. In der Praxis ergeben sich unüberwindliche Schwierigkeiten bei der Abgrenzung des Empfängers. So werden Straßen von Unternehmen und von Haushalten gleichzeitig benutzt. Eine Zurechnung zu den einzelnen Empfängern ist daher kaum möglich. Aufgrund dieser Schwierigkeiten wird der gesamte Staatsverbrauch als Endnachfrage angesehen.[41]

Die Berechnung des Produktionswertes des öffentlichen Haushalts zu seinen Produktionskosten führt dazu, daß sich sämtliche Ineffizienzen in der Produktion öffentlicher Güter im Eigenverbrauch niederschlagen. Um dies zu verdeutlichen, wird auf ein überzogenes Beispiel zurückgegriffen. Sowohl ein öffentlicher Haushalt als auch ein Unternehmen stellt einen Arbeitnehmer ein, der den ganzen Tag schläft. Welche Auswirkungen ergeben sich hierdurch auf den Produktionswert, die Bruttowertschöpfung und die Nettowertschöpfung? Für den öffentlichen Haushalt steigen die Produktionskosten. Damit steigt der Eigenverbrauch, die Brutto-

[39] Vgl. Brümmerhoff (1990) S. 14.

[40] Bei öffentlichen Haushalten wird unterstellt, daß sämtliche gekauften Vorleistungen in der betrachteten Periode auch im Produktionsprozeß eingesetzt werden. Die Differenzierung zwischen Vorleistungen und Vorprodukten entfällt bei öffentlichen Haushalten. Vgl. Stobbe (1994) S. 451.

[41] Vgl. hierzu auch die Diskussion bei Brümmerhoff (1990) S. 15 ff.

und die Nettowertschöpfung, ohne daß sich Umfang und Qualität der öffentlichen Leistungen erhöht haben. Im Vergleich hierzu würde ein solcher Produktivitätsverlust im Produktionskonto der Unternehmen die Brutto- und die Nettowertschöpfung unberührt lassen. Ineffizienzen der Produktion schlagen sich dort in einem Rückgang der Bruttogewinne aus Produktionstätigkeit nieder.

Analoge Auswirkungen ergeben sich bei einer Lohnerhöhung, die oberhalb der Produktivitätsentwicklung liegt. Im Unternehmenssektor reduzieren sich die Bruttogewinne aus Produktionstätigkeit,[42] während im Sektor öffentliche Haushalte Produktionswert, Brutto- und Nettowertschöpfung zunehmen.

Der Staatsverbrauch ist nicht gleichzusetzen mit den Staatsausgaben. Der Staatsverbrauch gibt darüber Auskunft, in welchem Ausmaß der öffentliche Haushalt die vorhandenen Produktionsmöglichkeiten eines Landes zur Produktion unentgeltlich abgegebener Dienstleistung in Anspruch genommen hat. Er ist sorgfältig von den Staatsausgaben zu unterscheiden. Zu den *Staatsausgaben* zählen sämtliche Ausgaben des Staates. Die Unterschiede sollen anhand einiger Beispiele erläutert werden:

- Abschreibungen gehören zum Staatsverbrauch.
- Zahlung von Sozialhilfe gehen in die Staatsausgaben ein.
- Zahlung von Beamtengehälter zählen sowohl zum Staatsverbrauch als auch zu den Staatsausgaben.

Unter Beachtung, daß die beiden Seiten des Produktionskontos zu gleichen Werten führen müssen, läßt sich der *Produktionswert* des öffentlichen Haushalts als Summe aus Eigenverbrauch, selbsterstellten Anlagen und Benutzergebühren oder als Summe aus Nettowertschöpfung, Abschreibungen und Vorleistungen berechnen. Werden von dem Produktionswert die Vorleistungen subtrahiert oder der Nettowertschöpfung die Abschreibungen hinzugefügt, dann resultiert die *Bruttowertschöpfung* des öffentlichen Haushalts. Die folgende Übersicht faßt die unterschiedlichen Möglichkeiten der Berechnung der eingeführten Begriffe zusammen.

Produktionswert		Nettowertschöpfung
./. Vorleistungen		+ Abschreibungen
= Bruttowertschöpfung	bzw.	= Bruttowertschöpfung
./. Abschreibungen		+ Vorleistungen
= Nettowertschöpfung		= Produktionswert
= Einkommen aus Faktorleistungen		./. Selbsterstellte Anlagen
		./. Benutzergebühren
		= Eigenverbrauch

Abb. 4.2: Zusammenhänge zwischen Produktionswert, Bruttowertschöpfung, Nettowertschöpfung und Eigenverbrauch

42 Dies setzt voraus, daß höhere Lohnkosten nicht vollständig in den Marktpreisen weitergegeben werden können.

4.2.5 Produktionskonto private Haushalte und private Organisationen ohne Erwerbszweck

Die privaten Haushalte produzieren mit Hilfe ihrer Hausangestellten Dienstleistungen, die sie selbst verbrauchen. Beispiele für häusliche Angestellte sind Klavierlehrerinnen, Butler oder Kindermädchen. Da private Haushalte über keine eigenen dauerhaften Produktionsmittel verfügen und sie somit nicht investieren, ist der Wert der produzierten Dienstleistungen gleich der an die Hausangestellten gezahlten Entgelte und damit gleich dem Produktionswert.

Analog zur Berechnung des Eigenverbrauchs des öffentlichen Haushalts wird auch hier der Wert der produzierten Dienstleistungen über die entstandenen Produktionskosten berechnet. Im Unterschied zum öffentlichen Haushalt werden diese Dienstleistungen nicht der Allgemeinheit zur Verfügung gestellt, sondern selbst verbraucht.

Das Produktionskonto der privaten Haushalte hat somit folgende Gestalt:

Produktionskonto private Haushalte	
1. Nettowertschöpfung (Löhne)	2. Produktionswert (Verkäufe von Dienstleistungen an andere private Haushalte)

Auf der linken Seite des Produktionskontos der privaten Haushalte finden sich die Faktoreinkommen aus der Arbeitstätigkeit wieder. Dies entspricht der Nettowertschöpfung und dem Produktionswert.

Ausgeschlossen werden allerdings die unentgeltlich geleisteten Tätigkeiten der privaten Haushalte. Produktionstätigkeiten der privaten Haushalte, wie die Haushaltsführung, die eine Art Eigenverbrauch der privaten Haushalte darstellen, werden in der Volkswirtschaftlichen Gesamtrechnung nicht erfaßt. Für eine Ausklammerung dieser Tätigkeiten aus der Berechnung des Sozialprodukts sprechen folgende Gründe: Zunächst stellt sich das Problem der Definition der *Haushaltsproduktion*. Hierunter fallen im Prinzip alle Tätigkeiten, die auch von Dritten gegen ein Entgelt erworben werden können. Jedoch können anhand dieser Definition nicht sämtliche Tätigkeiten eingeordnet werden. So könnte man z.B. sich seine Haare beim Friseur waschen lassen oder selbst waschen. Nach strenger Anwendung der obigen Definition würde das Haare waschen demnach zur Haushaltsproduktion zählen. Der Begriff der Haushaltsproduktion würde bei einer solchen weiten Auslegung wohl offensichtlich überdehnt werden.

Es folgt die Frage nach der Quantität der Haushaltsproduktion und ihrer Bewertung. Da es schwierig ist, die hauswirtschaftlichen Produktionstätigkeiten wie Kochen und Gartenarbeit quantitativ und monetär korrekt zu erfassen, wird die Produktionstätigkeit und Einkommensentstehung in privaten Haushalten nur in Höhe der Einkommen aus unselbständiger Arbeit nachgewiesen, die an häusliches Personal gezahlt werden.

Des weiteren ist zu klären, welche Ziele mit der Volkswirtschaftlichen Gesamtrechnung verfolgt werden sollen. Bestehen diese darin, Auskunft über die Beschäftigungsentwicklung einer Volkswirtschaft zu geben, so erscheint eine Erfassung der Haushaltsproduktion, da keine direkte Nachfrage am Arbeitsmarkt ausgelöst wird, auch nicht sinnvoll. Möchte man allerdings Informationen über den

Wohlstand einer Volkswirtschaft erhalten, dann ist eine Ausklammerung der Haushaltsproduktion problematisch.

Private Organisationen ohne Erwerbszweck stellen, wie öffentliche Haushalte, in der Regel Dienstleistungen ohne Entgelt zur Verfügung. Das Produktionskonto dieses Sektors hat daher die gleiche Struktur wie das Produktionskonto eines öffentlichen Haushalts, so daß sich hier weitere Erläuterungen erübrigen.

4.2.6 Das nationale Produktionskonto und die Berechnung von Sozialproduktgrößen nach der Güterverwendungsseite

4.2.6.1 Einführung

In diesem Abschnitt wird das Produktionskonto für eine gesamte Volkswirtschaft aufgestellt. Dieses Konto bezeichnet man als *nationales Produktionskonto*. Es resultiert aus der Aggregation der Produktionskonten des Unternehmenssektors, des Sektors der öffentlichen Haushalte und des Sektors der privaten Haushalte. Bezüglich der Aufstellung des nationalen Produktionskontos existieren zwei Alternativen:

- Nach dem *Inlandskonzept* wird der Wert der im Inland produzierten Güter bzw. werden die im Inland erzielten Einkommen erfaßt.
- Nach dem *Inländerkonzept* wird der Wert der Güter erfaßt, der mit den Ressourcen im Besitz von Inländern produziert worden ist. Dieser Wert entspricht dem Einkommen der Inländer.

Folgende Informationen sollen u.a. mit Hilfe dieser Konten erfaßt werden:

- Wie groß ist der Wert aller Endprodukte, die während eines Zeitraums im *Inland* unter Abzug der Vorleistungen erzeugt worden sind, bzw. welcher Wert wurde im Inland den importierten Vorleistungen hinzugefügt? (*Bruttoinlandsprodukt zu Marktpreisen*)
- Wie groß ist der Wert aller Endprodukte, die während eines Zeitraums mit den Ressourcen der *Inländer* unter Abzug der Vorleistungen hergestellt worden sind? (*Bruttosozialprodukt zu Marktpreisen*)
- Wie groß sind die Einkommen, die Produktionsfaktoren im *Inland* erwirtschaftet haben? (*Nettoinlandsprodukt zu Faktorpreisen*)
- Wie groß sind die Einkommen, die *Inländer* in einer Periode aus der Bereitstellung von Produktionsfaktoren erwirtschaftet haben? (*Nettosozialprodukt bzw. Volkseinkommen zu Faktorpreisen*)

4.2.6.2 Das Inlandskonzept

Zunächst wird das nationale Produktionskonto nach dem Inlandskonzept dargestellt. Nach dem *Inlandskonzept* werden alle Leistungen unabhängig von der Herkunft der Produktionsfaktoren erfaßt, die in einem Wirtschaftsgebiet erbracht werden. Das bedeutet, daß die Werte, die ausländische Pendler und Grenzgänger im Inland sowie das im Inland investierte ausländische Kapital erwirtschaftet haben, Berücksichtigung finden. Analog werden alle inländischen Produktionsfaktoren, die im Ausland eingesetzt werden, ausgeschlossen.

Durch die Aggregation der sektoralen Produktionskonten erhält man das nationale Produktionskonto einer Volkswirtschaft. Hierbei entfallen folgende Größen:

- Vorleistungskäufe inländischer Unternehmen von inländischen Unternehmen
- Vorleistungskäufe der öffentlichen Haushalte von inländischen Unternehmen

Dagegen bleiben die Vorleistungskäufe aus dem Ausland bestehen. Das nationale Produktionskonto hat somit folgende Gestalt:

Produktionskonto (INLANDSKONZEPT)	
1. Abschreibungen	4. Verkäufe von Konsumgütern an die privaten Haushalte
2. Indirekte Steuern ./. Subventionen	5. Eigenverbrauch des Staates
3. Inlandseinkommen (Nettoinlandsprodukt zu Faktorkosten)	6. Bruttoinvestitionen • des öffentlichen Haushalts • der Unternehmen 7. Ausfuhr ./. Einfuhr (ohne Erwerbs- und Vermögenseinkommen)

Nach Durchführung der Aggregation findet man auf der rechten Seite des nationalen Produktionskontos unter Vernachlässigung der Importe den gesamten Wert der im Inland produzierten *Endprodukte*. Dieser entspricht dem Wert aller produzierten Güter, die nicht weiter im inländischen Produktionsprozeß verarbeitet werden. Subtrahiert man von dem Wert der Endprodukte die Einfuhren, so resultiert das *Bruttoinlandsprodukt zu Marktpreisen*. Das Bruttoinlandsprodukt zu Marktpreisen entspricht der rechten Seite des nationalen Produktionskontos nach dem Inlandskonzept. Dabei ist zu beachten, daß in den Im- und Exporten die Erwerbs- und Vermögenseinkommen mit dem Ausland nicht enthalten sind. Das Bruttoinlandsprodukt zu Marktpreisen gibt den Wert an, der den Importen im Inland hinzugeführt worden ist und stellt das Ergebnis des Produktionsprozesses innerhalb der geographischen Grenzen dar. Dabei ist es unerheblich, ob diese Werte von Ausländern oder Inländern erwirtschaftet worden sind.

Warum müssen die Vorleistungen zur Ermittlung des Bruttoinlandsprodukts herausgerechnet werden? Die importierten Vorleistungen gehen in den Wert der Endprodukte ein, stellen jedoch Werte dar, die dem Ausland zuzurechnen sind und gehören daher nicht zu dem Mehrwert, den das Inland geschaffen hat. Die inländischen Vorleistungen werden herausgerechnet, um Doppelzählungen zu vermeiden. Hierzu ein einfaches Beispiel: Ein Bauer verkauft Korn an einen Müller für 100,- DM. Der Müller verarbeitet das Korn zu Mehl und verkauft dies an den Bäcker für 200,- DM. Der Bäcker verarbeitet das Mehl zu Brot und verkauft es an die Haushalte für 400,- DM. Der Gesamtwert aller Verkäufe beträgt 700,- DM. Ist dies aber der Wert, den die Volkswirtschaft in dieser Periode geschaffen hat? Offensichtlich nicht, denn in dem Gesamtwert aller Verkäufe sind Vorleistungen in Höhe von 300,- DM enthalten. Das Bruttoinlandsprodukt beträgt daher 400,- DM. Das Bruttoinlandsprodukt ergibt sich somit aus der Summe der Verkaufserlöse abzüglich der Vorleistungen.

Das Bruttoinlandsprodukt der Güterverwendungsseite entspricht dem Wert der im Inland produzierten und nicht mehr im heimischen Produktionsprozeß eingesetzten Produkte abzüglich sämtlicher Importe (ohne Berücksichtigung der Erwerbs- und

Vermögenseinkommen an das Ausland). Dies ist gleich der Summe der im Inland konsumierten und investierten sowie der exportierten Güter unter Abzug der Importe (ohne Erwerbs- und Vermögenseinkommen).

Von der Güterverwendungsseite kann man das Bruttoinlandsprodukt zu Marktpreisen BIP^M also wie folgt definieren:

	Im Inland konsumierte Güter C
+	Eigenverbrauch des Staates G
+	im Inland investierte Güter I
+	Exporte von Waren und Dienstleistungen X_W[43]
./.	Importe aus dem Ausland M_W[44]
=	Bruttoinlandsprodukt zu Marktpreisen BIP^M

Abb. 4.3: Berechnung des Bruttoinlandsprodukt von der Güterverwendungsseite

(4.1) $$BIP^M = C + I + G + X_W - M_W$$

Es sei darauf hingewiesen, daß bei diesen Berechnungen von einem Eigenimport der Konsum- und Investitionsgüter abstrahiert wird. Es wird davon ausgegangen, daß stets Unternehmen gewerbsmäßig Güter importieren und an andere Unternehmen oder an Haushalte weiterveräußern.

Weiterhin ist es wichtig, darauf aufmerksam zu machen, daß es sich bei der Gleichung (4.1) um eine ex-post Identität handelt. Diese Gleichung ist nach Ablauf einer Periode immer erfüllt. Man kann aus derselben Identität erkennen, welche Implikationen eine Erhöhung einer der angeführten Variablen haben kann. Nehmen z.B. die importierten Investitionsgüter zu, dann kann das Bruttoinlandsprodukt zu Marktpreisen BIP^M zunehmen, wenn durch die zusätzlich importierten Investitionsgüter die heimische Konsum- und Investitionsgüterindustrie angekurbelt wird. Das BIP^M kann aber auch zurückgehen, wenn durch die importierten Investitionsgüter die heimische Investitionsgüterindustrie zurückgedrängt wird. Welches Ergebnis eintritt, hängt von den Annahmen über die Volkswirtschaft ab, von denen man bei der Analyse ausgeht. Dazu ist jedoch die Formulierung eines makroökonomischen Modells erforderlich. Hier wird noch einmal deutlich, daß ex-post und ex-ante Aussagen sorgfältig zu trennen sind.

Transferzahlungen wie z.B. die Sozialhilfe gehen in die Berechnung des Bruttoinlandsprodukts nicht ein. Transferzahlungen führen zu einer Umverteilung der Einkommen. Für eine abgelaufene Periode sind die Transferzahlungen für das Niveau des Bruttoinlandsprodukts unbedeutend. Das bedeutet jedoch nicht, daß Transferzahlungen das zukünftige Bruttosozialprodukt unbeeinflußt lassen. Sozialleistungen beeinflussen die geplanten Investitions- und Konsumentscheidungen und somit das geplante Bruttosozialprodukt.

Werden die Abschreibungen aus dem Bruttoinlandsprodukt zu Marktpreisen heraus gerechnet, so erhält man das *Nettoinlandsprodukt zu Marktpreisen* (NIP^M). Über diesen Betrag kann das Inland verfügen, ohne daß es zu Änderungen des Kapitalstocks kommt. Würde es den durch Abschreibungen freigesetzten Kapital-

43 Ohne Erwerbs- und Vermögenseinkommen.

44 Ohne Erwerbs- und Vermögenseinkommen.

betrag für Konsumzwecke verbrauchen, anstatt in gleicher Höhe Ersatzinvestitionen zu tätigen, so würde das Inland Vermögenssubstanzwerte verzehren.

Im NIP^M sind noch Elemente, die indirekten Steuern und die Subventionen, enthalten, die nicht als Kosten der Produktionsfaktoren anzusehen sind und daher keinen Bestandteil der Wertschöpfung darstellen. Diese sind nicht als Einkommen aus dem Produktionsprozeß zu betrachten. Daher müssen die indirekten Steuern und die Subventionen heraus gerechnet werden. Als Ergebnis folgt dann das *Nettoinlandsprodukt zu Faktorpreisen*. Dies entspricht dem Saldo auf der linken Seite des nationalen Produktionskontos (Position 3) und ist gleichzusetzen mit den im Inland entstandenen Einkommen der Produktionsfaktoren.

Auch hier ist wieder die Berechnung der Werte für eine abgelaufene Periode von dem Einfluß der indirekten Steuern und Subventionen auf das Netto- und Bruttoinlandsprodukt einer zukünftigen Periode zu trennen. Für eine abgelaufene Periode sind die indirekten Steuern gezahlt worden und müssen daher vollständig zur Ermittlung des Nettoinlandsprodukts vom Bruttoinlandsprodukt abgezogen werden. Die Beantwortung der Frage nach den Auswirkungen einer Erhöhung der indirekten Steuern auf das zukünftige Bruttoinlands- bzw. auf das Nettoinlandsprodukt hängt von der Marktstruktur und den Zielsetzungen des Unternehmens ab.

4.2.6.3 Das Inländerkonzept

Neben dem bisher berechneten Bruttoinlandsprodukt existiert eine weitere volkswirtschaftlich wichtige Größe, das Bruttosozialprodukt. Das *Bruttosozialprodukt* ermittelt den Wert, den Personen mit ständigem Wohnsitz in einem bestimmten Land, durch ihre Faktorleistungen erbringen, unabhängig davon, in welchen geographischen Grenzen diese Werte erwirtschaftet worden sind. Das Bruttosozialprodukt bezeichnet man daher auch als *Bruttoinländerprodukt*. Im Unterschied zum Bruttoinlandsprodukt, welches das Ergebnis des Produktionsprozesses innerhalb der geographischen Grenzen eines Landes abbildet, ist es bei der Berechnung des Bruttosozialprodukts unerheblich, ob diese Werte im In- oder Ausland erwirtschaftet worden sind.

Für die Unterscheidung zwischen Inländer und Ausländer ist nicht die Nationalität, sondern der ständige Wohnsitz ausschlaggebend. Zur Verdeutlichung seien einige Beispiele angeführt: Ein türkischer Gastarbeiter, der in Deutschland seinen ständigen Wohnsitz hat, geht als deutscher Inländer in die Volkswirtschaftliche Gesamtrechnung ein. Seine Arbeitsleistungen werden als Faktorleistungen betrachtet, die von einem deutschen Inländer in Deutschland erbracht worden sind. Daher fließt diese Faktorleistung sowohl in das deutsche Inländerprodukt als auch in das deutsche Inlandsprodukt ein. Hält ein in Deutschland lebender Professor in London gegen Entgelt einen Vortrag, so erbringt er als deutscher Inländer Faktorleistungen im Ausland. Diese werden im englischen Inlandsprodukt berücksichtigt. Da sie jedoch den Wert der von deutschen inländischen Produktionsfaktoren erbrachten Leistungen erhöhen, gehen sie in das deutsche Inländerprodukt ein. Der umgekehrte Fall trifft auf einen in Polen wohnenden Arbeiter zu, der im Rheingau bei der Weinernte aushilft. Er zählt nicht zu den deutschen Inländern, da sein Wohnsitz in Polen liegt. Daher wird seine Arbeitsleistung als von ausländischen Produktionsfaktoren im Inland erbrachte Leistung betrachtet. Sie geht in das deutsche Inlandsprodukt, nicht jedoch in das deutsche Inländerprodukt ein. Zinsen, die eine in Deutschland lebende Person in den USA erzielt, betreffen nicht das deutsche Inlandsprodukt. Da die Zinsen von einem deutschen Produktionsfaktor (Kapital) erwirtschaftet worden sind, erhöhen sie aber das deutsche Inländerprodukt.

Vom Bruttoinlandsprodukt kommt man zum Bruttosozialprodukt, wenn der *Saldo der Erwerbs- und Vermögenseinkommen* zwischen Inländern und der übrigen Welt hinzu addiert wird.

(4.2) $$BSP^M = BIP^M + X_E - M_E$$

($X_E - M_E$: Saldo der Erwerbs- und Vermögenseinkommen)

In diesen Saldo gehen Löhne, Gehälter, Zinsen und Gewinne ein, die Inländer im Ausland und Ausländer im Inland erzielt haben. Die Faktoreinkommen, die inländische Produktionsfaktoren im Ausland erzielt haben, werden als Faktorexporte X_E, die von ausländischen Produktionsfaktoren im Inland erwirtschafteten Faktoreinkommen als Faktorimporte M_E bezeichnet. Alle Übertragungen wie Schenkungen fließen nicht in diesen Saldo ein.

Aus diesen Überlegungen ergibt sich die Definition des Bruttosozialprodukts von der Güterverwendungsseite: *Das Bruttosozialprodukt zu Marktpreisen ist der Gesamtwert der Endprodukte, die während eines Jahres in einer Volkswirtschaft von Inländern konsumiert, investiert und exportiert worden sind, abzüglich sämtlicher Importe.*

(4.3) $$BSP^M = C + G + I + X_W - M_W + X_E - M_E = C + G + I + X - M$$

(mit $X = X_W + X_E$ und $M = M_W + M_E$)

Ist der Saldo der Erwerbs- und Vermögenseinkommen zwischen Inländern und der übrigen Welt positiv (negativ), so haben Inländer mehr (weniger) Einkommen im Ausland erzielt als Ausländer im Inland. Das Bruttosozialprodukt ist dann größer (kleiner) als das Bruttoinlandsprodukt. Der Saldo der Erwerbs- und Vermögenseinkommen zwischen Inländern und der übrigen Welt war für die Bundesrepublik Deutschland von 1969 bis 1993 stets positiv. Seit 1994 ist dieser Saldo negativ, d.h. ausländische Produktionsfaktoren haben mehr Einkünfte in Deutschland erwirtschaftet als inländische Produktionsfaktoren im Ausland.[45]

Da das Bruttosozialprodukt die Einkommen der Inländer mißt, wird es häufig für internationale Wohlfahrtsvergleiche herangezogen. Das Bruttoinlandsprodukt wird demgegenüber häufig verwendet, um Produktivitäten zu berechnen oder Beschäftigungsentwicklungen zu prognostizieren.

Fügt man den Saldo der Erwerbs- und Vermögenseinkommen den Ex- und Importen im gesamtwirtschaftlichen Produktionskonto hinzu, so erhält man das gesamtwirtschaftliche Produktionskonto nach dem Inländerkonzept:

Produktionskonto (INLÄNDERKONZEPT)	
1. Abschreibungen	4. Verkäufe von Konsumgütern an die privaten Haushalte
2. Indirekte Steuern ./. Subventionen	5. Eigenverbrauch des Staates
3. Volkseinkommen (Nettosozialprodukt zu Faktorkosten)	6. Bruttoinvestitionen • des öffentlichen Haushalts • der Unternehmen
	7. Gesamte Exporte ./. gesamte Importe

[45] Vgl. Sachverständigenrat zur Begutachtung der gesamtwirtschaftlichen Entwicklung, Jahresgutachten (1996/97) S. 357.

Die gesamte rechte Seite des Produktionskontos nach dem Inländerkonzept entspricht dem *Bruttosozialprodukt zu Marktpreisen.*

Für die Aufnahme einer Transaktion in die Berechnung des Bruttosozialprodukts zu Marktpreisen sind folgende Voraussetzungen festzuhalten:

- Es muß sich um eine Produktionstätigkeit handeln. Reine Umverteilungen wie Sozialleistungen gehen nicht in die Berechnung der Sozialprodukt- und Inlandsproduktgrößen ein. Sie beeinflussen die Verteilung, aber nicht das Niveau des Sozialprodukts einer abgelaufenen Periode.
- Die Güter müssen über Märkte verkauft werden. Die Ausnahmen bilden der Eigenverbrauch des Staates, selbsterstellte Anlagen und auf Lager genommene Endprodukte. Die Haushaltsproduktion ist nicht im Bruttosozialprodukt enthalten.
- Die Güter müssen in der betrachteten Periode produziert worden sein. Wiederverkäufe werden ausgeschlossen.[46]
- Bei den betrachteten Gütern muß es sich um Endprodukte handeln. Damit werden Doppelzählungen vermieden.
- Die Güter müssen von Inländern produziert worden sein (sonst erhält man Inlandsgrößen).

Durch den Einsatz des Sachvermögens im Produktionsprozeß reduziert sich der Wert des Sachvermögens durch Verschleiß, was durch die Abschreibungen erfaßt wird. Um zum Güterpotential zu gelangen, über welches die Inländer verfügen können, ohne daß der Kapitalstock reduziert wird, müssen die Abschreibungen aus dem Bruttosozialprodukt zu Marktpreisen heraus gerechnet werden. Die Differenz von Bruttosozialprodukt zu Marktpreisen und Abschreibungen entspricht dem *Nettosozialprodukt zu Marktpreisen* NSP^M.

$$(4.4) \qquad BSP^M - \text{Abschreibungen} = NSP^M = C + I + G + X - M - D$$

Werden als nächstes die indirekten Steuern und die Subventionen heraus gerechnet, resultiert das *Nettosozialprodukt zu Faktorkosten* NSP^F bzw. das *Volkseinkommen*:

$$(4.5) \qquad \begin{aligned} \text{Volkseinkommen} &= NSP^F = NSP^M - (T^{ind} - Z) \\ &= C + I + G + X - M - D - (T^{ind} - Z) \end{aligned}$$

Der Saldo auf der linken Seite des nationalen Produktionskontos nach dem Inländerkonzept (Position 3) entspricht dem Volkseinkommen.

Die verschiedenen Sozialproduktsbegriffe können wir also gemäß folgender Kriterien untergliedern:

- *Inland/Inländer*: Hiermit wird differenziert, ob die berechneten Größen sich auf einen bestimmten Personenkreis oder auf bestimmte geographische Grenzen beziehen.
- *Brutto/Netto*: Hiermit wird erfaßt, ob die Abschreibungen noch enthalten oder bereits heraus gerechnet sind.

---

46 Kauft allerdings ein Gebrauchtwagenhändler einen PKW für 10.000 DM an und veräußert ihn für 15.000 DM weiter, dann gehen die 5.000 DM Differenz in das Sozialprodukt ein. Diese 5.000 DM stellen den Wert einer gewerbsmäßigen Dienstleistung dar, die im Erhebungszeitraum bereitgestellt worden ist.

– *Marktpreise/Faktorpreise*: Diese Unterscheidung dient der Information, ob die Subventionen und indirekten Steuern in den Aggregaten enthalten sind oder bereits eliminiert wurden.

Tab. 4.1 gibt einen Überblick über die Entwicklung der verschiedenen Sozialproduktgrößen seit 1960.

Jahr	Bruttoinlandsprodukt zu Marktpreisen	Bruttosozialprodukt zu Marktpreisen	Abschreibungen	Indirekte Steuern minus Subventionen	Nettosozialprodukt zu Faktorkosten
1960	302,7	303,0	23,6	39,3	240,1
1965	459,2	458,2	43,3	56,4	358,5
1970	675,3	675,7	68,0	77,3	530,4
1975	1.026,6	1.027,7	117,2	109,9	800,6
1980	1.472,0	1.477,4	175,0	162,8	1.139,6
1985	1.823,2	1.834,5	235,4	192,4	1.406,8
1990	2.426,0	2.448,6	303,0	253,4	1.892,2
1995	3.457,4	3.444,8	453,0	371,8	2.620,0

Tab. 4.1: Entwicklung des Sozialprodukts in Deutschland in jeweiligen Preisen (Mrd. DM)[47]

4.3 Das Einkommenskonto

4.3.1 Einführung

In diesem Abschnitt werden die Einkommenskonten einer Volkswirtschaft vorgestellt, zunächst sektorspezifisch (Abschnitt 4.3.2 bis 4.3.4), dann zusammengefaßt zu einem nationalen Einkommenskonto (Abschnitt 4.3.5). Aus diesem gesamtwirtschaftlichen Einkommenskonto lassen sich die Sozialprodukt- und Inlandsproduktgrößen von der Einkommensverwendungsseite ableiten. Des weiteren kann aus dem Einkommenskonto die Ersparnis ermittelt werden.

Im *Einkommenskonto* werden alle Transaktionen verbucht, welche das Niveau des Reinvermögens eines Sektors bzw. einer Volkswirtschaft verändern. Als Saldo auf dem Einkommenskonto ergibt sich die Ersparnis. Zu diesem Zweck werden alle Transaktionen, die das Vermögen erhöhen, den Transaktionen gegenübergestellt, die das Vermögen verringern. Transaktionen, die das Reinvermögen nicht verändern, wie z.B. der Kauf einer Maschine, werden hier nicht erfaßt. Zu beachten ist weiter, daß im Einkommenskonto nur die Veränderung des Reinvermögens erfaßt werden soll, die durch laufende Transaktionen zustande kommt. Aus diesem Grund werden nur die laufenden Übertragungen, nicht aber die Vermögensübertragungen berücksichtigt.

Transaktionen, die zu einer Zunahme des Vermögens führen, werden auf der rechten Seite, Transaktionen, die zu einer Reduktion des Vermögens führen, auf der linken Seite des Vermögensänderungskontos verbucht.

[47] Entnommen aus Sachverständigenrat zur Begutachtung der gesamtwirtschaftlichen Entwicklung Jahresgutachten (1996/97) S. 356.

Zunächst werden in diesem Abschnitt die Einkommenskonten für jeden Sektor einzeln aufgestellt. Daran anschließend werden sämtliche sektoralen Einkommenskonten zum nationalen Einkommenskonto aggregiert.

4.3.2 Einkommenskonto Unternehmen

Das Einkommenskonto eines Unternehmens hat folgende Grundstruktur:

Einkommenskonto Unternehmen	
1. Geleistete Faktoreinkommen • Löhne und Gehälter • Zinsen • Verteilter Gewinn 2. Direkte Steuern 3. Geleistete Übertragungen 4. Unverteilter Gewinn nach Steuern (Ersparnis)	5. Nettowertschöpfung 6. Empfangene Übertragungen 7. Einkommen aus Unternehmertätigkeit und Vermögen

Als erstes wird die rechte Seite des Kontos betrachtet. Alle Transaktionen, die im Zusammenhang mit der Produktionstätigkeit des Unternehmens stehen und das Reinvermögen beeinflussen, sind bereits im Produktionskonto erfaßt worden. Diese Transaktionen werden nicht noch einmal gesondert im Einkommenskonto aufgeführt, sondern in der Nettowertschöpfung zusammengefaßt.

Weitere Transaktionen, die die Ersparnis des Unternehmens erhöhen, sind die empfangenen Übertragungen sowie die Einkommen aus Unternehmertätigkeit und Vermögen. Einkommen aus Unternehmertätigkeit und Vermögen können z.B. durch Dividenden aus Beteiligungen an anderen Unternehmen entstehen. Zu den empfangenen Übertragungen zählen z.B. Schadenersatzleistungen von Versicherungsunternehmen.

Betrachten wir nun die linke Seite des Kontos. Dort werden zunächst die geleisteten Faktoreinkommen verbucht. Hierzu zählen Löhne, Gehälter, Zinsen sowie die ausgeschütteten Gewinne. Diese Faktoreinkommen können in- oder ausländischen Wirtschaftseinheiten zufließen. Des weiteren gehören die von dem Unternehmen geleisteten Übertragungen zu den Vorgängen, die das Reinvermögen reduzieren. Diese können ebenfalls an In- oder Ausländer geleistet werden. Bildet man die Differenz zwischen der Summe der Positionen auf der rechten Seite und der Summe aus geleistetem Faktoreinkommen und Übertragungen, so erhält man den *unverteilten Gewinn vor Steuern.* Werden die direkten Steuern (Körperschaftssteuern) heraus gerechnet, so folgt als Residualgröße die *Ersparnis* bzw. der *unverteilte Gewinn nach Steuern* des Unternehmens.

In Höhe des unverteilten Gewinns nimmt das Reinvermögen des Unternehmens zu. Der unverteilte Gewinn ist daher identisch mit der Ersparnis des Unternehmens und entspricht, da die Unternehmen definitionsgemäß nicht konsumieren, dem *verfügbaren Einkommen* des Unternehmens.

Wegen statistischer Erfassungsschwierigkeiten werden unverteilte Gewinne nur für Unternehmen mit eigener Rechtspersönlichkeit ausgewiesen. Bei Personengesellschaften werden die Gewinne als voll ausgeschüttet betrachtet. Wegen der engen Beziehungen zwischen Haushalt und Unternehmen ist es dort statistisch nicht möglich, zwischen Ersparnissen der Haushalte und Gewinnen der Unternehmen eindeutig zu differenzieren.

4.3.3 Einkommenskonto öffentliche Haushalte

Das Einkommenskonto eines öffentlichen Haushalts hat folgende Grundstruktur:

Einkommenskonto öffentliche Haushalte	
1. Geleistete Faktoreinkommen	5. Nettowertschöpfung
2. Geleistete Übertragungen (einschließlich Zinszahlungen)	6. Empfangene Übertragungen (einschließlich Steuereinnahmen und Verwaltungsgebühren)
3. Eigenverbrauch des Staates	7. Einkommen aus Unternehmertätigkeit und Vermögen
4. Ersparnis	

Die rechte Seite des Einkommenskontos des öffentlichen Haushalts stimmt von der Struktur her mit dem Einkommenskonto des Unternehmens überein. Dort werden alle Transaktionen verbucht, welche die Ersparnis des öffentlichen Haushalts erhöhen. Wie auch im Einkommenskonto der Unternehmen wird die Nettowertschöpfung vom Produktionskonto auf das Einkommenskonto übertragen. Des weiteren stehen auf der rechten Seite die empfangenen Übertragungen. Hierzu gehören Steuereinnahmen, Geldbußen und Verwaltungsgebühren. Die aus der Beteiligung an Unternehmen empfangenen Einkommen aus Unternehmertätigkeit und Vermögen in Form von Zinsen, Dividenden und Gewinnen erhöhen ebenfalls die Ersparnis des öffentlichen Haushalts. Auch der Bundesbankgewinn ist hierin eingeschlossen.

Auf der linken Seite des Einkommenskontos stehen alle Transaktionen des öffentlichen Haushalts, die das Reinvermögen reduzieren. Hierzu zählen die an die im öffentlichen Dienst Beschäftigten geleisteten Faktoreinkommen sowie die geleistete laufende Übertragungen wie Zuschüsse an Religionsgemeinschaften und Transfers in Form von Wohngeld, Kindergeld u. ä. Werden von der gesamten rechten Seite die geleisteten Faktoreinkommen und die geleisteten Übertragungen subtrahiert, verbleibt das *verfügbare Einkommen des öffentlichen Haushalts*. Wird schließlich der Eigenverbrauch des öffentlichen Haushalts vom verfügbaren Einkommen abgezogen, resultiert als Saldo die Ersparnis des öffentlichen Haushalts. Dies entspricht der Veränderung des Reinvermögens des öffentlichen Haushalts.

Es sei darauf hingewiesen, daß die geleisteten Faktoreinkommen zweimal auf der linken Seite des Einkommenskontos erscheinen. Direkt ablesbar sind sie in der Position 1 (Geleistete Faktoreinkommen), indirekt sind sie auch in der Position 3 (Eigenverbrauch des öffentlichen Haushalts) enthalten. Da auch die Nettowertschöpfung in Position 5 auf der rechten Seite des Einkommenskontos die geleisteten Faktoreinkommen enthält, hebt sich eine der beiden Buchungen 1 oder 3 auf der linken Seite des Einkommenskontos auf. Die Ersparnis der öffentlichen Haushalte bliebe unverändert, wenn man die beiden Positionen 1 und 5 nicht aufführt.

Da jedoch nach dem Grundprinzip verfahren wird, die Nettowertschöpfung auf dem Einkommenskonto zu verteilen, ist die doppelte Erfassung der geleisteten Faktoreinkommen notwendig.[48]

4.3.4 Einkommenskonto private Haushalte

Betrachten wir nun das Einkommenskonto eines privaten Haushalts:

Einkommenskonto private Haushalte	
1. Geleistete Übertragungen (einschließlich direkter Steuern und Versicherungsbeiträgen) 2. Ausgaben für Konsumgüter 3. Ersparnis	4. Faktoreinkommen 5. Empfangene Übertragungen

Die auf der rechten Seite des Einkommenskontos erfaßten Bruttoeinkommen können in Faktoreinkommen, die aus der Tätigkeit der Produktionsfaktoren bezogen werden, und empfangene Übertragungen untergliedert werden.

Zu den *Faktoreinkommen* gehören die *Einkommen aus der Erwerbstätigkeit* und die *Einkommen aus Vermögen*. Zum *Einkommen aus der Erwerbstätigkeit*, auch Erwerbseinkommen genannt, zählen die *Bruttoeinkommen aus unselbständiger Tätigkeit* (Arbeitnehmereinkommen: Löhne und Gehälter) sowie die *Bruttoeinkommen aus der Unternehmertätigkeit* (Gewinne und Pachten). Zu den *Bruttoeinkommen aus dem Vermögen*, auch *Vermögenseinkommen* genannt, gehören die Zinsen und Dividenden. In den angeführten Einkommensgrößen sind auch die vom Ausland empfangenen Einkommen enthalten. Zu den *empfangenen Übertragungen* zählen z.B. das Kindergeld oder das Wohngeld.

Werden von der gesamten rechten Seite des Einkommenskontos eines privaten Haushalts die direkten Steuern, die Sozialversicherungsbeiträge und die Transfers an andere private Haushalte abgezogen, dann erhalten wir das *verfügbare Einkommen der privaten Haushalte*. Diesen Betrag kann der private Haushalt auf Ersparnis und Konsum aufteilen.

4.3.5 Das nationale Einkommenskonto

Werden sämtliche Einkommenskonten in der Volkswirtschaft aggregiert, dann erhält man das *nationale* bzw. das *gesamtwirtschaftliche Einkommenskonto*. Dabei entfallen alle Transaktionen, die einmal auf der rechten und einmal auf der linken Seite in den Einkommenskonten zweier Sektoren gebucht werden. Hierzu zählen die direkten Steuern und die zwischen Inländern geleisteten Transferzahlungen.

[48] In Abschnitt 4.3.5 wird gezeigt, daß, vorausgesetzt in allen Einkommenskonten wird auf der rechten Seite die Nettowertschöpfung aufgeführt, nach Aggregation der sektoralen Einkommenskonten das Volkseinkommen auf der rechten Seite des nationalen Einkommenskontos erscheint. Aus diesem Grunde ist es also sinnvoll, das Einkommenskonto öffentlicher Haushalte nach der oben beschriebenen Weise aufzustellen.

Es entfallen dagegen nicht diejenigen Transaktionen, die in unterschiedlichen Arten von Konten geführt werden, wie z.B. die indirekten Steuern und Subventionen, die im Produktionskonto gegengebucht werden und die Transferzahlungen zwischen In- und Ausländern, deren Gegenbuchung im weiter unten eingeführten Auslandskonto stattfindet.

Das gesamtwirtschaftliche Einkommenskonto hat folgende Gestalt:

Nationales Einkommenskonto	
1. Nettotransfers an das Ausland 2. Privater Konsum 3. Eigenverbrauch 4. Ersparnis • der privaten Haushalte • der Unternehmen • des Staates	5. Volkseinkommen 6. indirekte Steuern ./. Subventionen

Aus dem gesamtwirtschaftlichen Einkommenskonto können wieder die einzelnen Sozialproduktgrößen berechnet werden. Dabei ist zu beachten, daß in der Position 5 die im Ausland erzielten und an das Ausland geleisteten Erwerbs- und Vermögenseinkommen enthalten sind.[49] Das Nettosozialprodukt zu Faktorkosten NSP^F (Volkseinkommen) ist gleich der Summe aus Löhnen L, Gewinnen P und Zinsen R der Personen mit ständigen Wohnsitz in einer Region.

(4.6) $$NSP^F = L + P + R.$$

Werden die indirekten Steuern T^{ind} abzüglich der Subventionen Z hinzu addiert, dann folgt das Nettosozialprodukt zu Marktpreisen NSP^M.

(4.7) $$NSP^M = L + P + R + T^{ind} - Z$$

Dies entspricht der rechten Seite des gesamtwirtschaftlichen Einkommenskontos. Das Nettosozialprodukt zu Marktpreisen bildet die Grundlage für die Berechnung des *verfügbaren Einkommens einer Volkswirtschaft*. Es ist das Einkommen, über welches alle Inländer inklusive des Staates für konsumtive und investive Zwecke verfügen können. Reduziert man das NSP^M um den Saldo der Nettotransfers an das Ausland (Ü), so erhält man das verfügbare Einkommen der gesamten Volkswirtschaft Y^{VG}:

(4.8) $$Y^{VG} = NSP^M - Ü$$

Auf der Basis des NSP^M können die anderen Sozialproduktgrößen, wie sie schon bei der Darstellung des Produktionskontos (Abschnitt 4.2.6) beschrieben wurden, ermittelt werden. Werden auf beiden Seiten der Gleichung (4.7) die Abschreibungen D hinzu addiert, so erhält man das Bruttosozialprodukt zu Marktpreisen BSP^M berechnet nach der *Einkommensverteilungsseite*:

49 Beachten Sie, daß im Einkommenskonto Unternehmung auch die an Ausländer gezahlten Faktoreinkommen und Übertragungen, im Einkommenskonto Private Haushalte die aus dem Ausland empfangenen Faktoreinkommen sowie die an das Ausland geleisteten bzw. vom Ausland empfangenen Übertragungen aufgeführt werden.

(4.9) $BSP^M = L + P + R + T^{ind} - Z + D$

Das Bruttosozialprodukt nach der Einkommensverteilungsseite berechnet sich also aus der Summe von Löhnen, Zinsen, Gewinnen, Abschreibungen und indirekten Steuern abzüglich der Subventionen.

Mit Hilfe des Einkommenskontos kann das Volkseinkommen alternativ durch Saldierung berechnet werden:

(4.10) $NSP^F = Ü + C + G + S - (T^{ind} - Z)$

Das Nettosozialprodukt zu Faktorkosten setzt sich zusammen aus den Nettotransfers an das Ausland Ü, den Konsumausgaben C, dem Staatsverbrauch G und der Ersparnis S abzüglich der Differenz von indirekten Steuern T^{ind} und Subventionen Z. Werden die indirekten Steuern abzüglich der Subventionen hinzu addiert, so ergibt sich das Nettosozialprodukt zu Marktpreisen:

(4.11) $NSP^M = Ü + C + G + S$

Werden schließlich die Abschreibungen D hinzugefügt, so resultiert das Bruttosozialprodukt zu Marktpreisen:

(4.12) $BSP^M = Ü + C + G + S + D$

Die Gleichung (4.12) stellt die Berechnung des Bruttosozialproduktes zu Marktpreisen nach der *Einkommensverwendungsseite* dar.

Mit Hilfe des gesamtwirtschaftlichen Einkommenskontos wird das Bruttosozialprodukt von der Einkommensverwendungsseite erfaßt, während es im gesamtwirtschaftlichen Produktionskonto von der Güterverwendungsseite bestimmt wurde. Aus der Kombination dieser beiden Berechnungsarten läßt sich die im Abschnitt 3.5.2 bei der Darstellung der Kreislaufanalyse ermittelte ex-post Identität (3.41) einer offenen Volkswirtschaft herleiten. Dort wurde gezeigt, daß in einer offenen Volkswirtschaft die gesamte Ersparnis den Nettoinvestitionen und dem Leistungsbilanzsaldo entspricht. Dieses Ergebnis läßt sich alternativ durch Gleichsetzung der Berechnungen des BSP^M nach der Güterverwendungs- (4.3) und der Einkommensverwendungsseite (4.12) herleiten:

(4.13) $I + C + G + X - M = Ü + C + G + S + D$

Unter der Berücksichtigung, daß die Bruttoinvestitionen I der Summe aus Nettoinvestitionen I^{netto} und Abschreibungen D entsprechen

(4.14) $I = I^{netto} + D$

und daß der Leistungsbilanzsaldo sich aus den Nettogüterexporten und dem Saldo der Nettoübertragungen zusammensetzt

(4.15) $LBS = X - M - Ü$

ergibt sich nach Zusammenfassung der Größen in Gleichung (4.16):

(4.16) $I^{netto} + LBS = S$:

Damit ist dieselbe ex-post Identität, wie sie schon in der Kreislaufanalyse ermittelt wurde, aus den Produktions- und Einkommenskonten einer Volkswirtschaft hergeleitet worden.

4.4 Das Vermögensänderungskonto

4.4.1 Einführung

Die Ersparnis ergibt sich alternativ als Summe der Veränderungen von Sach- und Geldvermögen. Die Erfassung der Veränderung von Sach- und Geldvermögen erfolgt im Vermögensänderungskonto. Während im Einkommenskonto aufgezeigt wird, durch welche Vorgänge sich das Niveau des Vermögens der Volkswirtschaft verändert hat, stellt das Vermögensänderungskonto dar, wie sich die Struktur des Vermögens verändert hat.

Da die Ersparnis nach Saldierung aus dem Einkommenskonto berechnet wird, kann aus dem Vermögensänderungskonto nach Berücksichtigung der Nettoinvestitionen eine weitere Größe, der Finanzierungssaldo, bestimmt werden.

4.4.2 Vermögensänderungskonto Unternehmen

Das Vermögensänderungskonto Unternehmen hat folgende Struktur:

Vermögensänderungskonto Unternehmen	
1. Bruttoanlageinvestitionen • Kauf • Selbsterstellte Anlagen 2. Vorratsänderung 3. Geleistete Vermögensübertragungen 4. Finanzierungssaldo	5. Abschreibungen 6. Empfangene Vermögens-übertragungen 7. Unverteilter Gewinn (Ersparnis)

Die linke Seite des Vermögensänderungskontos beschreibt die Vermögensänderung, die aus den Bruttoanlageinvestitionen, den Vorratsveränderungen, den geleisteten Vermögensübertragungen und dem Finanzierungssaldo resultieren. In den Vorratsinvestitionen sind die Bestandsveränderungen der gelagerten eigenen Erzeugnisse und die Veränderung der Vorprodukte enthalten.[50]

Finanziert werden diese Vermögenszuwächse durch die Größen, die auf der rechten Seite des Vermögensänderungskontos stehen. Dies sind zum einen Abschreibungen, die den Kapitalverschleiß auffangen, zum anderen empfangene Vermögensübertragungen und Ersparnisse des Unternehmens in Form von unverteilten Gewinnen. Werden die Investitionen und die geleisteten Vermögensübertragungen von der rechten Seite des Vermögensänderungskontos subtrahiert, dann ergibt sich der Finanzierungssaldo (Position 4).

Die Erfassung der empfangenen Vermögensübertragungen auf der rechten Seite könnte den Eindruck vermitteln, daß eine Erhöhung der empfangenen Vermögensübertragungen zu einer Reduktion der Ersparnis führt. Dieser Schluß ist jedoch nicht zulässig. Einem Unternehmen wird z.B. eine Anlage geschenkt. Diese Transaktion wird weder im Produktions- noch im Einkommenskonto erfaßt. Die Ersparnis verändert sich daher nicht. Ebenfalls ändert sich der Finanzierungssaldo nicht.

[50] Zu der Definition des Begriffs Vorprodukte vgl. Abschnitt 2.3.

Erfaßt wird diese Transaktion durch eine Zunahme der Bruttoanlageinvestitionen und eine Zunahme der empfangenen Vermögensübertragungen.

Bei einer Vermögensübertragung in Form von Geldvermögen steigt demgegenüber der Finanzierungssaldo. Aber auch hier bleibt die Ersparnis unverändert. Der Grund dafür, daß Vermögensübertragungen die Ersparnis nicht beeinflussen, ist darin zu sehen, daß sich in der Ersparnis ausschließlich die Auswirkungen laufender Transaktionen niederschlagen sollen.

4.4.3 Vermögensänderungskonto eines öffentlichen Haushalts

Das Vermögensänderungskonto eines öffentlichen Haushalts ist ähnlich aufgebaut wie das Vermögensänderungskonto eines Unternehmens. Allerdings stellt ein öffentlicher Haushalt Dienstleistungen zur Verfügung, die definitionsgemäß nicht lagerfähig sind. Außerdem wird für alle gekauften Vorprodukte unterstellt, daß sie unmittelbar als Vorleistungen im Produktionsprozeß eingesetzt worden sind. Damit entfällt auf der linken Seite die Position „Vorratsveränderungen“. Da des weiteren zwischen Vorprodukten und Vorleistungen bei öffentlichen Haushalten nicht differenziert wird, enthält das Vermögensänderungskonto öffentlicher Haushalte auch keine Vorprodukte.

Vermögensänderungskonto öffentliche Haushalte	
1. Bruttoanlageinvestitionen	4. Abschreibungen
2. Geleistete Vermögensübertragungen	5. Empfangene Vermögensübertragungen
3. Finanzierungssaldo	6. Unverteilter Gewinn (Ersparnis)

Der Finanzierungssaldo eines öffentlichen Haushalts ist sorgfältig von seiner Ersparnis zu unterscheiden. Ein Anwachsen der Staatsverschuldung, d.h. ein negativer Finanzierungssaldo, bedeutet nicht, daß das Reinvermögen abgenommen hat. Nutzt der Staat die Verschuldung zum Kauf von Investitionsgütern, dann bleibt die Ersparnis unverändert. Wenn der Staat hingegen den Eigenverbrauch oder die Transfers durch Kredite finanziert, dann sinkt die Ersparnis.

4.4.4 Vermögensänderungskonto eines privaten Haushalts

Da ein privater Haushalt definitionsgemäß nur konsumiert, entfallen alle Arten von Investitionen sowie Abschreibungen in seinem Vermögensänderungskonto.

Vermögensänderungskonto private Haushalte	
1. Geleistete Vermögensübertragungen	3. Empfangene Vermögensübertragungen
2. Finanzierungssaldo	4. Ersparnis

Die Ersparnis, die sich aus dem Einkommenskonto des privaten Haushalts ergibt, bildet mit dem Saldo der geleisteten und empfangenen Vermögensübertragungen den Finanzierungssaldo des privaten Haushalts.

4.4.5 Das nationale Vermögensänderungskonto

Die drei sektoralen Vermögensänderungskonten lassen sich zu einem gesamtwirtschaftlichen Vermögensänderungskonto zusammenfassen.

Nationales Vermögensänderungskonto	
1. Bruttoinvestitionen • Unternehmen • öffentliche Haushalte 2. Finanzierungssaldo	3. Abschreibungen 4. Ersparnis 5. Vom Ausland empfangene Nettovermögensübertragungen

Die Vermögensübertragungen, die zwischen Inländern abgewickelt werden, saldieren sich heraus. Auf der rechten Seite des nationalen Vermögensänderungskontos verbleibt der Saldo der vom Ausland empfangenen Vermögensübertragungen.

Der gesamtwirtschaftliche Finanzierungssaldo berechnet sich demnach aus der Differenz zwischen Abschreibungen, Ersparnis sowie den empfangenen Nettovermögensübertragungen zwischen Inländern und der übrigen Welt und den Bruttoinvestitionen.

4.5 Das Finanzierungskonto

Aus dem Vermögensänderungskonto kann das Vorzeichen des Finanzierungssaldos berechnet werden. Dabei wird allerdings nicht sichtbar, ob z.B. ein positiver Finanzierungssaldo durch eine Zunahme der Forderungen oder durch eine Abnahme der Verbindlichkeiten entstanden ist. Über die Entwicklung der Forderungen und Verbindlichkeiten gibt das Finanzierungskonto Auskunft. In diesem Konto werden die Transaktionen angeführt, die das Geldvermögen verändern. Der Saldo ergibt den *Finanzierungssaldo.*

Das *Finanzierungskonto* ist ein Unterkonto des Vermögensänderungskontos und zeigt, wie sich der Finanzierungssaldo aus der Differenz von Forderungen und Verbindlichkeiten gegenüber dem Ausland zusammensetzt.

Nationales Finanzierungskonto	
1. Veränderungen der Forderungen gegenüber dem Ausland	2. Veränderungen der Verbindlichkeiten gegenüber dem Ausland 3. Finanzierungssaldo

Es existieren also zwei Möglichkeiten der Berechnung des gesamtwirtschaftlichen Finanzierungssaldos:

Aus dem Vermögensänderungskonto ergibt sich der Finanzierungssaldo durch:

(4.17) $FS = S - I^N$ + Nettovermögensübertragungen vom Ausland

Aus dem Finanzierungskonto ergibt sich der Finanzierungssaldo folgendermaßen:

(4.18) FS = Veränderung der Auslandsforderungen – Veränderung der Auslandsverbindlichkeiten

4.6 Das Auslandskonto

Alle Transaktionen zwischen Inländern und Ausländern werden im Auslandskonto gegengebucht. Hierbei erfolgt keine weitere Untergliederung nach Sektoren, wie sie bei den inländischen Konten vorgenommen wurde. Es ist ein Sammelbecken der Gegenbuchungen aller Leistungstransaktionen mit dem Ausland.

Auslandskonto	
1. Käufe von Gütern (inklusive Faktorleistungen von Inländern)	4. Verkäufe von Gütern (inklusive Faktorleistungen von Inländern)
2. Geleistete Übertragungen an Inländern	5. Empfangene Übertragungen von Inländern
3. Änderungen der Forderungen gegenüber Inländern	6. Änderungen der Verbindlichkeiten gegenüber Inländern

Im Auslandskonto werden nur die Leistungstransaktionen mit dem Ausland angeführt. In dieser Hinsicht ähnelt das Auslandskonto der Leistungsbilanz einer Volkswirtschaft. Das Auslandskonto unterscheidet sich von der Leistungsbilanz dadurch, daß es aus der Sicht des Auslands geführt wird und keine realen Transaktionen erfaßt.

In der Position 1 werden die vom Inland gekauften Güter einschließlich der vom Inland in Anspruch genommenen Faktorleistungen verbucht. Die Position 2 erfaßt die vom Ausland an das Inland geleisteten Übertragungen. In den Positionen 4 und 5 schlagen sich die an das Inland verkauften Güter bzw. die vom Inland empfangenen Übertragungen nieder. Die Positionen 3 und 6 stellen Gegenbuchungen der im Finanzierungskonto geführten Positionen dar. Bildet man den Saldo aus den Positionen 3 und 6 resultiert der Finanzierungssaldo des Auslands bzw. der Finanzierungssaldo des Inlands mit umgekehrtem Vorzeichen.

4.7 Zusammenfassung

Das vorliegende Kapitel soll mit einer Zusammenfassung der wichtigsten Erkenntnisse abschließen. Aus den sektoralen Produktionskonten können die Produktionswerte sowie die Brutto- und Nettowertschöpfungen berechnet werden. Mit Hilfe des Saldos im Produktionskonto eines Unternehmens wird die Nettowertschöpfung ermittelt, mit Hilfe des Saldos im Produktionskonto des öffentlichen Haushalts der Staatsverbrauch. Der Produktionswert entspricht der Summe aus den verkauften Produkten, gelagerten Produkten und selbsterstellten Anlagen. Wird der Produktionswert um die Vorleistungen vermindert, so ergibt sich die Bruttowertschöpfung. Unter Berücksichtigung der Abschreibungen, indirekten Steuern und Subventionen resultiert die Nettowertschöpfung. Dieser Betrag kann auf die an dem Unternehmen beteiligten Personen verteilt werden.

Die Berechnung des Produktionswertes eines öffentlichen Haushalts erscheint problematisch, da der Eigenverbrauch als Bestandteil des Produktionswertes nur über die entstandenen Produktionskosten berechnet werden kann. Kennzeichen des Eigenverbrauchs ist die unentgeltliche Bereitstellung öffentlicher Dienstleistungen, für die keine Marktpreise berechnet werden können. Sämtliche Ineffizienzen, die sich bei der Produktion öffentlicher Haushalte ergeben, erhöhen daher den Eigenverbrauch und somit auch den Produktionswert und die Bruttowertschöpfung der öffentlichen Haushalte.

Für die privaten Haushalte werden bis auf Dienstleistungen, die durch Hausangestellte erbracht werden, kein Produktionskonto aufgestellt. Die Ursache liegt in der Problematik der Definition, der quantitativen Erfassung und der monetären Bewertung der Haushaltsproduktion.

Durch Aggregation der sektoralen Produktionskonten ergibt sich das nationale Produktionskonto nach dem Inlandskonzept, aus dem die Inlandsprodukte berechnet werden können. Durch Ergänzung der Ex- und Importe durch den Saldo der Erwerbs- und Vermögenseinkommen zwischen Inländern und der übrigen Welt können die korrespondierenden Inländer- bzw. Sozialprodukte ermittelt werden.

Im Einkommenskonto wird dargestellt, welche Transaktionen ursächlich für die Veränderung des Reinvermögens sind. Im Vermögensänderungskonto wird die Strukturveränderung des Vermögens dargelegt. Allerdings wird buchungstechnisch im Einkommenskonto die Ersparnis berechnet, so daß das Vermögensänderungskonto zur Ermittlung des Finanzierungssaldos Verwendung findet.

Im Auslandskonto werden alle Transaktionen gegengebucht, die zwischen In- und Ausländer stattfinden, wobei das Auslandskonto aus Sicht des Auslands aufgestellt wird. Aus dem Auslandskonto kann der Finanzierungssaldo des Auslands berechnet werden.

In diesem Kapitel wurden drei Möglichkeiten der Berechnung der Sozialproduktgrößen vorgestellt. Diese werden in der folgenden Übersicht zusammengestellt:

Berechnung des Bruttosozialprodukts zu Marktpreisen:		
(4.3)	$BSP^M = C + G + I + X - M$	Güterverwendungsseite
(4.9)	$BSP^M = L + P + R + T^{ind} - Z + D$	Einkommensverteilungsseite
(4.12)	$BSP^M = Ü + C + G + S + D$	Einkommensverwendungsseite

Berechnung des Nettosozialprodukts zu Marktpreisen:		
(4.4)	$NSP^M = C + I + G + X - M - D$	Güterverwendungsseite
(4.7)	$NSP^M = L + P + R + T^{ind} - Z$	Einkommensverteilungsseite
(4.11)	$NSP^M = Ü + C + G + S$	Einkommensverwendungsseite

Berechnung des Nettosozialprodukts zu Faktorkosten:		
(4.5)	$NSP^F = C + I + G + X - M - D - (T^{ind} - Z)$	Güterverwendungsseite
(4.6)	$NSP^F = L + P + R$	Einkommensverteilungsseite
(4.10)	$NSP^F = Ü + C + G + S - (T^{ind} - Z)$	Einkommensverwendungsseite

Die Inlandsprodukte beziehen sich auf die geographischen Grenzen eines Landes, die Sozialprodukte auf Personen mit ständigem Wohnsitz in einem Land. Die Marktpreise unterscheiden sich von den Faktorpreisen dadurch, daß in den Marktpreisen die indirekten Steuern sowie die Subventionen enthalten sind. Die Bruttogrößen enthalten im Unterschied zu den Nettogrößen noch die Abschreibungen.

5. Entstehung, Verwendung und Verteilung des Sozialprodukts

5.1 Übersicht

Nachdem im Kapitel 4 mit Hilfe des vorgestellten volkswirtschaftlichen Kontensystems die verschiedenen Sozialproduktgrößen berechnet worden sind, wird in diesem Kapitel aufgezeigt, welche Informationen aus den verschiedenen Berechnungsarten gewonnen werden können. Neben den bisher angeführten Berechnungen des Sozialprodukts nach der Güterverwendungsseite, nach der Einkommensverwendungsseite und nach der Einkommensverteilungsseite wird eine vierte Möglichkeit, die Berechnung nach der Güterentstehungsseite, eingeführt.

Die Berechnung des Sozialprodukts nach der *Entstehungsseite*, die in Abschnitt 5.2 erläutert wird, geht vom Produktionswert der Wirtschaftszweige aus. Die mit der Entstehungsseite verbundenen Begriffe werden in Abschnitt 5.2.1 beschrieben. In Abschnitt 5.2.2 wird die Berechnung des Bruttoinlandsprodukts von der Entstehungsseite erläutert. Der Abschnitt 5.2.3 gibt einen Überblick über die Entwicklung der Anteile der einzelnen Sektoren. Auf die Probleme der Berechnung der Anteile der Wirtschaftszweige wird in Abschnitt 5.2.4. hingewiesen.

In Abschnitt 5.3 wird mit Hilfe der Bildung von Quoten die Bedeutung der einzelnen *Nachfragebestandteile* am Inlandsprodukt beschrieben.

In Abschnitt 5.4 wird schließlich auf die *Verteilung* des Volkseinkommens eingegangen. Hierzu existieren verschiedene Varianten. Die Darstellung der Einkommensverteilung kann ausgehend von der Entlohnung der Produktionsfaktoren nach funktionalen Gesichtspunkten (Abschnitt 5.4.2) oder ausgehend vom Einkommen verschiedener Einkommensklassen nach personellen Gesichtspunkten (Abschnitt 5.4.3) erfolgen.

5.2 Die Güterentstehungsseite

5.2.1 Ziele und Begriffe

Bei der Berechnung des Sozialprodukts nach der *Entstehungsseite* wird der Frage nachgegangen, welche Beiträge die einzelnen Sektoren der Volkswirtschaft zur Entstehung der gesamten Produktion geleistet haben. Ziel der Berechnung des Sozialprodukts nach der Entstehungsseite ist zum einen die Beschreibung der Produktionsstruktur eines Landes. Sie gibt z.B. Aufschluß über die Bedeutung der einzelnen Produktionssektoren. Zum anderen soll die Berechnung nach der Entstehungsseite eine Analyse der Strukturveränderungen in der Volkswirtschaft ermöglichen. Dadurch gibt sie Anhaltspunkte über Veränderungen der Nachfrage in der Zukunft, die z.B. auch Prognosen über zukünftige Qualifikationserfordernisse der Arbeitnehmer zulassen. Mit Hilfe der Berechnung nach der Entstehungsseite kann man daher Hinweise auf die Entwicklung der strukturellen Arbeitslosigkeit erhalten.

Bei der Aufschlüsselung der Wirtschaftsstruktur nach Produktionssektoren wird zwischen primärem, sekundärem und tertiärem Sektor unterschieden. Zu dem *primären Sektor* zählen alle Unternehmen der Land- und Forstwirtschaft, des Bergbaus und der Fischerei. In dieser Urproduktion werden Rohstoffe und Nahrungsmittel gewonnen. Im *sekundären Sektor* werden jene Unternehmen zusammengefaßt, die diese Rohstoffe weiterverarbeiten und veredeln. Hierzu gehören z.B. die Chemieindustrie, die Stahlindustrie oder die Automobilindustrie. Der *tertiäre Sektor* schließlich besteht aus allen Unternehmen im Bereich Handel und Verkehr sowie dem staatlichen und privaten Dienstleistungsbereich. Hierunter fallen auch Versicherungsunternehmen und Banken.

5.2.2 Berechnung

Die Berechnung des Sozialprodukts nach der Entstehungsseite geht vom Inlandskonzept aus und baut auf den *Produktionswerten* der einzelnen Sektoren auf, die im Produktionskonto ermittelt werden. Werden vom Produktionswert eines Wirtschaftszweiges die Vorleistungen, die dieser von anderen Wirtschaftszweigen erhalten hat, subtrahiert, so resultiert die *unbereinigte Bruttowertschöpfung* des betrachteten Sektors:

	Produktionswert eines Wirtschaftszweiges
./.	Vorleistungen
=	unbereinigte Bruttowertschöpfung eines Wirtschaftszweiges

Die Summierung der unbereinigten Bruttowertschöpfungen aller Wirtschaftszweige liefert die *unbereinigte Bruttowertschöpfung der gesamten Volkswirtschaft*. Es wird davon ausgegangen, daß Banken einen Großteil ihrer Dienstleistungen zu Kosten anbieten, die durch ihre Gebühren nicht adäquat widergespiegelt werden. Als Alternative zur Erfassung der Entgelte für Bankdienstleistungen bietet sich die Differenz zwischen den Vermögenseinkommen und den Aufwandszinsen der Banken an. Diese lassen sich jedoch nicht einzelnen Wirtschaftssektoren zurechnen, so daß sie pauschal von der unbereinigten Bruttowertschöpfung aller Wirtschaftssektoren abgezogen werden. Als Resultat ergibt sich die *bereinigte Bruttowertschöpfung* der Volkswirtschaft:

	unbereinigte Bruttowertschöpfung aller Wirtschaftszweige
./.	unterstellte Entgelte für Bankdienstleistungen
=	bereinigte Bruttowertschöpfung der Volkswirtschaft

Die Produktionswerte, Vorleistungen und Einfuhren (die in den Vorleistungen enthalten sind) werden bei der Berechnung der unbereinigten Bruttowertschöpfung ohne die nichtabzugsfähigen Umsatzsteuer und die nichtabzugsfähigen Einfuhrabgaben berechnet. Die nichtabzugsfähige Umsatzsteuer umfaßt die einbehaltene Umsatzsteuer, das Kassenaufkommen des Staates an der Mehrwertsteuer und die Einfuhrumsatzsteuer. Zu den Einfuhrabgaben zählen Importzölle und Verbrauchssteuern auf Importgüter. Ebenso wie die Bankdienstleistungen lassen sich auch diese Größen nur für die Volkswirtschaft als Ganzes, nicht jedoch sektorspezifisch ermitteln. Werden diese Größen zur bereinigten Bruttowertschöpfung hinzuaddiert, so folgt das *Bruttoinlandsprodukt zu Marktpreisen*:

	bereinigte Bruttowertschöpfung der Volkswirtschaft
+	nichtabzugsfähige Umsatzsteuer
+	Einfuhrabgaben
=	Bruttoinlandsprodukt zu Marktpreisen

Aus dem Bruttoinlandsprodukt zu Marktpreisen können, wie im vorausgegangenen Kapitel 4 beschrieben worden ist, die weiteren Inlands- bzw. Sozialprodukte berechnet werden. Werden die Bruttowertschöpfungen der Sektoren zum Bruttoinlandsprodukt ins Verhältnis gesetzt, so ergeben sich Informationen über die Bedeutung und Entwicklung der einzelnen Sektoren.

5.2.3 Empirischer Befund

Den Bezugspunkt für Strukturveränderungen der Volkswirtschaft bildet die unbereinigte Bruttowertschöpfung, da nur diese den einzelnen Wirtschaftsbereichen zugeordnet werden kann. Seit 1960 zeichnet sich eine deutliche Verlagerung der relativen Bedeutung der Produktionssektoren in den alten Bundesländern ab. Gemessen an der Bruttowertschöpfung ist der Anteil des primären Sektors seit 1960 von 5,8% auf 1,1% im Jahr 1993 geschrumpft. Noch prägnanter ist die Rückbildung im sekundären Sektor (produzierendes Gewerbe), dessen Anteil im gleichen Zeitraum von 53,2% auf 35,5% abgenommen hat. Dagegen hat der Dienstleistungssektor eine kräftige Ausdehnung erfahren. Sein Anteil an der Bruttowertschöpfung ist von 13,6% auf 35,1% gestiegen.[51]. Auch für die neuen Bundesländer läßt sich die tendenzielle Verlagerung vom primären und sekundären Sektor zu dem Dienstleistungssektor erkennen.

Verschiedene Ursachen können für diesen Strukturwandel angeführt werden, die einerseits *nachfrageseitig*, andererseits *angebotsseitig* bedingt sind. Das BIP hat ständig zugenommen. Die damit verbundenen Einkommenssteigerungen führen zu Verlagerungen der Güternachfrage. Die Nachfrage nach Gütern des Grundbedarfs, wie Nahrungsmittel, erhöht sich bei steigendem Einkommen häufig nur unterproportional. Diese Güter werden hauptsächlich im primären und sekundären Sektor produziert. Dagegen werden mit steigendem Einkommen Dienstleistungen, die Bestandteile des tertiären Sektors sind, stärker präferiert. Demographische Faktoren spielen ebenso eine Rolle. Beispielsweise nehmen mit zunehmender durchschnittlicher Lebenserwartung auch Dienstleistungen wie Altenpflege an Bedeutung zu. Auch Umweltdienstleistungen werden durch das gestiegene öffentliche Interesse am Umweltschutz immer begehrter.

Auf der Angebotsseite kann durch Substitution der Eigenproduktion von Vorleistungen durch den Bezug von Vorleistungen durch andere Unternehmen, dem sogenannten *Outsourcing,* ein Strukturwandel induziert werden. Outsourcing ist z.B. häufig bei der Wartung von Computern zu beobachten. Lagern Unternehmen, die dem Industriesektor zugeordnet sind, diese Tätigkeiten in darauf spezialisierte Dienstleistungsbetriebe aus, nimmt die Wertschöpfung im sekundären Sektor ab und im tertiären Sektor zu.

Massenproduktionen mit stark homogenen, relativ einfach strukturierten Produkten sind größtenteils in sogenannte „Billiglohnländer" abgewandert. Die Produktion in den Industrieländern hat sich inzwischen verstärkt auf differenzierte und technisch komplizierte Produkte verlagert, die zum einen ein intensives Marketing, zum

[51] Vgl. Jahresgutachten des Sachverständigenrates (1995/96) Tab. 26 S. 376.

anderen auch mehr technische Wartung etc. erfordern. Dienstleistungen wie Marketing und Kundenservice nehmen daher an Bedeutung zu.

5.2.4 Probleme der statistischen Erfassung des Strukturwandels

In der Wirtschaftsstatistik gilt das Prinzip der Schwerpunktzuordnung der wirtschaftlichen Aktivität. Jede wirtschaftliche Aktivität wird jenem Sektor zugerechnet, in dem sie vorgenommen wird. Dadurch können zwei Arten von Fehlern auftreten. Einerseits kann ein Strukturwandel beobachtet werden, der tatsächlich keiner ist. Andererseits kann ein tatsächlich eingetretener Strukturwandel verschleiert werden.

Ein Problem ergibt sich aus dem oben beschriebenen Outsourcing. Wenn z.B. Reinigungsarbeiten, die bisher von der Unternehmung selbst vorgenommen wurden, nun an eine Reinigungsfirma abgegeben werden, so nimmt der prozentuale Anteil des Dienstleistungssektors zu. Analoges gilt, wenn Industrieunternehmen EDV-Programme, die sie bisher selbst entwickelt haben, nun von spezialisierten Softwarehäusern erwerben. Durch Outsourcing wird also der Strukturwandel vom sekundären Sektor zum Dienstleistungssektor überzeichnet.

Eine Überschätzung des sekundären Sektors liegt dagegen dann vor, wenn Industrieunternehmen aus Umweltschutzgründen neue Verfahren entwickeln und als Patente verkaufen. Die Patente werden, da sie vom Industrieunternehmen entwickelt wurden, dem sekundären Sektor zugerechnet, obwohl die Patententwicklung eigentlich eine Dienstleistung darstellt. Der tatsächliche Strukturwandel wird in diesem Fall unterschätzt.

5.3 Die Güterverwendungsseite

5.3.1 Einführung

Das Bruttoinlandsprodukt von der *Güterverwendungsseite* zeigt an, wofür das Produktionsergebnis verwendet wird. Wie im vorausgegangenen Kapitel ausgeführt wurde, entspricht das Bruttoinlandsprodukt zu Marktpreisen der Summe aus privatem Konsum, Bruttoinvestitionen, öffentlichem Konsum, Güterexporten abzüglich den Güterimporten (ohne Erwerbs- und Vermögenseinkommen). Um die Bedeutung der einzelnen Nachfragekomponenten erfassen zu können, werden diese zum Bruttoinlandsprodukt zu Marktpreisen ins Verhältnis gesetzt. Die daraus resultierenden Quoten werden im folgenden beschrieben.

5.3.2 Die Investitionsquote

Die *Investitionsquote* (IQ) gibt den Anteil der Bruttoinvestitionen am Bruttoinlandsprodukt zu Marktpreisen an. Dabei werden in den Investitionen sowohl die importierten als auch die aus der heimischen Produktion stammenden Investitionsgüter erfaßt:

$$(5.1) \qquad IQ = \frac{I^B}{BIP^M} \cdot 100$$

Investitionen, die den Kapitalstock erhöhen, bestimmen zu einem großen Teil die zukünftigen Produktionsmöglichkeiten. Dadurch läßt die Investitionsquote Rückschlüsse auf die Wachstumsmöglichkeiten einer Volkswirtschaft zu. Beispielsweise betrugen die Investitionsquoten in Japan 35,5% im Jahr 1970 und 27,3% im Jahr 1986. Sie wurden begleitet von realen Wachstumsraten des BIP zwischen 2,6% (1986) und 8,2% (1971) bei einem durchschnittlichen Wachstum des BIP von 4,5%. Dagegen hatten die USA, ein Land mit typischerweise relativ geringer Spar- und Investitionsneigung, Investitionsquoten zwischen 14,7% (1970) und 18,9% (1979). Diese gingen einher mit deutlich geringeren Wachstumsraten des BIP als in Japan, nämlich zwischen 1,2% (1990) und 6,2% (1984), wobei im Schnitt die Wachstumsrate des BIP bei 2% lag.[52] In den alten Bundesländern ist die Investitionsquote von 27,3% im Jahre 1960 auf 18,9% im Jahre 1990 gesunken. Für die neuen Bundesländer erreicht sie für das Jahr 1993 einen Wert von 53,9%.[53]

5.3.3 Export- und Importquote

Die *Exportquote* (EQ) beschreibt den Anteil des Exportwertes am Bruttoinlandsprodukt zu Marktpreisen:

(5.2) $$EQ = \frac{X}{BIP^M} \cdot 100$$

Sie gibt an, welcher Anteil des Bruttoinlandsprodukts durch Transaktionen mit dem Ausland erwirtschaftet worden ist. In ihr kommt, wie auch bei der Importquote, die volkswirtschaftliche Abhängigkeit des betrachteten Landes vom Ausland zum Ausdruck.

Die *Importquote* (MQ) gibt den Anteil des Importwertes am Bruttoinlandsprodukt zu Marktpreisen an:

(5.3) $$MQ = \frac{M}{BIP^M} \cdot 100$$

Typischerweise haben kleine Volkswirtschaften eine relativ hohe Ex- und Importquote. Zum einen verfügen kleine Länder nur über wenige verschiedene Ressourcen, zum anderen sind sie zur Ausnutzung von Größenvorteilen mehr auf die Öffnung ihrer Märkte angewiesen als große Volkswirtschaften. Belgien hatte 1994 beispielsweise eine Importquote von 65,2%, wohingegen Japans Importquote bei 7,3% lag. Die Bundesrepublik Deutschland gehört mit einer Importquote von 22,1% im Jahre 1994 zu den relativ offenen Volkswirtschaften. Die Importquote der USA liegt zum Vergleich bei 12,1%.[54]

5.3.4 Staatsausgaben- und Staatsverbrauchsquote

Das Ausmaß staatlicher Aktivitäten läßt sich mit Hilfe zweier Quoten, der Staatsausgaben- und der Staatsverbrauchsquote, erfassen. Beide Quoten beschränken

52 Es werden nur die Anlageinvestitionen betrachtet. Als Basisjahr für das BIP wurde das Jahr 1991 zu Grunde gelegt. Vgl. Jahresgutachten des Sachverständigenrates (1995/96) S. 347 Tab. 3* und S. 352 Tab. 8*.

53 Vgl. Jahresgutachten des Sachverständigenrates (1995/96) Tab. 34 S. 390.

54 Alle Zahlen gelten für das Jahr 1994 und sind dem Jahresgutachten des Sachverständigenrates (1995/96) Tab. 9 S. 354 und Tab. 3 S.347 entnommen.

sich auf die Betrachtung der öffentlichen Haushalte und enthalten nicht die Ausgaben öffentlicher Unternehmen.

Die *Staatsausgabenquote* (GAQ) setzt sämtliche öffentlichen Ausgaben (GA) zum Bruttoinlandsprodukt zu Marktpreisen ins Verhältnis:

(5.4) $$GAQ = \frac{GA}{BIP^M} \cdot 100$$

Sie gibt an, in welchem Ausmaß Kreislaufströme über den staatlichen Sektor laufen. In die öffentlichen Ausgaben gehen die Ausgaben für den Staatsverbrauch, für die öffentlichen Sachinvestitionen und für die öffentlichen Transferzahlungen ein. Diese weite Definition der Ausgaben des Staates bedeutet, daß die Staatsausgabenquote eine unechte Quote ist. Im Zähler der Quote sind Bestandteile enthalten, die nicht in den Nenner einfließen. Hierzu zählen beispielsweise die Transferzahlungen wie die Sozialhilfe.[55]

Die *Staatsverbrauchsquote* (GVQ) gibt den Anteil der Ausgaben für die Bereitstellung öffentlicher Güter am Bruttoinlandsprodukt zu Marktpreisen an. Sie berechnet sich aus dem Verhältnis von Staatsverbrauch zum Bruttoinlandsprodukt zu Marktpreisen.

(5.5) $$GVQ = \frac{G}{BIP^M} \cdot 100$$

Die Staatsverbrauchsquote beschreibt, welchen Teil des Bruttoinlandsprodukts der Staat in Anspruch genommen hat. In die Staatsverbrauchsquote gehen die Abschreibungen ein, die in der Staatsausgabenquote nicht enthalten sind. Die Staatsverbrauchsquote könnte daher theoretisch die Staatsausgabenquote übersteigen. Da Abschreibungen jedoch nur dann vorgenommen werden können, wenn in den vorausgegangenen Perioden investiert worden ist, kann dieser Sonderfall nur in einem beschränkten Zeitintervall auftreten.

	Staatsausgaben		Staatsverbrauch	
Jahr	in Mrd. DM	in % des BIP	in Mrd. DM	in % des BIP
1960	99,66	32,9	40,45	13,4
1970	264,13	39,1	196,47	29,1
1980	721,88	49,0	298,02	20,3
1990	1118,12	46,1	444,07	18,3
1995	1985,72	57,4	675,35	19,5

Tab. 5.1: Staatsausgaben- und Staatsverbrauchsquote bezogen auf das BIP[56]

Beide Quoten sind in den sechziger Jahren gestiegen, im Laufe der folgenden Dekaden jedoch wieder gesunken. Bedingt durch die Wiedervereinigung haben beide Quoten wieder zugenommen. Allerdings deutet die Tatsache, daß die Staatsverbrauchsquote unterproportional zur Staatsausgabenquote zugenommen hat, daraufhin, daß ein großer Teil der zusätzlichen staatlichen Aktivitäten im Bereich der Transferleistungen anzusiedeln ist, die nicht Bestandteil der staatlichen Produktion von öffentlichen Gütern sind.

[55] Vgl. auch die Ausführungen in Abschnitt 4.2.4.

[56] Diese Zahlen sind dem Jahresgutachten des Sachverständigenrates (1996/97) Tab. 37 entnommen. Die Quoten ergeben sich aufgrund eigener Berechnungen.

5.4 Die Einkommensverteilungsrechnung

5.4.1 Definitionen

Die Verteilung des Volkseinkommens kann hinsichtlich verschiedener Gesichtspunkte analysiert werden. Auf der ersten Ebene unterscheidet man zwischen der Primär- und der Sekundärverteilung. Als *Primärverteilung* wird die Einkommensverteilung bezeichnet, die sich direkt aus dem Produktionsprozeß ergibt. Unter Beachtung der Auswirkungen staatlicher Umverteilungsmaßnahmen durch das Steuer- und Transfersystem resultiert die *Sekundärverteilung*. Sie bestimmt das verfügbare Einkommen der Haushalte.

Die Einkommensverteilung läßt sich ferner in eine funktionale und eine personelle Einkommensverteilung untergliedern. Die *funktionale Einkommensverteilung* untersucht die Aufteilung des Volkseinkommens auf die am Produktionsprozeß beteiligten Produktionsfaktoren. Als *personelle Einkommensverteilung* bezeichnet man die Aufteilung des Volkseinkommens auf Individuen oder Gruppen von Individuen unabhängig von der Art der Einkommensquelle. Der personellen Einkommensverteilung ist zu entnehmen, welcher Anteil des Volkseinkommens auf einen bestimmten Prozentsatz der Bevölkerung entfällt.

In diesem Abschnitt wird ausführlich auf die funktionale und die personelle Einkommensverteilung eingegangen. Neben diesen beiden Einteilungen des Volkseinkommens existieren noch weitere Ansatzpunkte. So können Einkommen nach den verschiedenen Wirtschaftssektoren untergliedert werden oder nach der Verteilung auf die Haushaltsgruppen Selbständiger, Arbeitnehmer (Beamte, Arbeiter, Angestellte) und Nichterwerbstätige (Rentner, Arbeitslose, Sozialhilfeempfänger). Auf die Darstellung dieser Verteilungen wird im folgenden nicht weiter eingegangen.[57]

5.4.2 Die funktionale Einkommensverteilung

Die Verteilung des Volkseinkommens auf selbständige und unselbständige Tätigkeiten bezeichnet man als *funktionale Einkommensverteilung*. Das Volkseinkommen kann unter diesem Aspekt in *Bruttoeinkommen aus unselbständigen Tätigkeiten*, also Löhne und Gehälter, und *Bruttoeinkommen aus selbständigen Tätigkeiten* aufgegliedert werden. Zu letzterem zählen Zinsen und Dividenden, verteilte und unverteilte Gewinne und die Gewinne bzw. Verluste der öffentlichen Unternehmen. Das Verhältnis aus Bruttoeinkommen aus unselbständigen Tätigkeiten (Y^u) zum Volkseinkommen (NSP^F) beschreibt die *Lohnquote* (LQ):

(5.6) $$LQ = \frac{Y^u}{NSP^F} \cdot 100$$

Analog mißt die *Gewinnquote* (ΠQ) den Anteil des Bruttoeinkommens aus selbständigen Tätigkeiten (Y^S) am Volkseinkommen:

(5.7) $$\Pi Q = \frac{Y^S}{NSP^F} \cdot 100$$

Die Summe aus der Lohn- und Gewinnquote ergibt 100 %:

(5.8) $$LQ + GQ = 100\ \%$$

---

[57] Vgl. hierzu ausführlich Stobbe (1994) S. 324 ff. und 353 ff.

Eine Erhöhung der Lohnquote impliziert daher immer einen entsprechenden Rückgang der Gewinnquote, et vice versa. Die Lohnquote stieg bis zum Jahr 82 auf ca. 77% an und ist seitdem rückläufig. Seit 1994 ist wieder ein leichter Anstieg der Lohnquote zu beobachten. Für das ganze Bundesgebiet betrug die Lohnquote im Jahr 1995 ca. 71,6%.[58]

Wegen ihrer relativ leichten Verfügbarkeit und ihrer Anschaulichkeit wird die Lohnquote in verteilungspolitischen Diskussionen häufig als Kriterium für die Beurteilung der Situation der Arbeitnehmer herangezogen. Hierbei sind allerdings einige Einschränkungen der Aussagekraft der Lohnquote zu berücksichtigen, aufgrund derer modifizierte Lohnquoten entwickelt wurden:[59]

Bei der Verwendung der Lohnquote für verteilungspolitische Fragen muß beachtet werden, daß sich durch eine Veränderung des Anteils der Arbeitnehmer an der Anzahl der Erwerbstätigen (*Arbeitnehmerquote* AQ)

$$AQ = \frac{\text{Anzahl der Arbeitnehmer}}{\text{Anzahl der Erwerbstätigen}} \tag{5.9}$$

die Lohnquote ändert. So ist die Arbeitnehmerquote in Deutschland von 71% im Jahre 1953 auf 89% im Jahr 1995 gestiegen.[60] Verantwortlich für diese Entwicklung ist das Ausscheiden vieler kleiner Unternehmen, z.B. in der Landwirtschaft, sowie die zunehmende Bedeutung der Kapitalgesellschaften.

Die Lohnquote ändert sich durch derartige Strukturverschiebungen. Wenn z.B. ein Unternehmer seinen Betrieb veräußert und als Manager in diesem Betrieb weiter arbeitet, dann kommt es zu einer Erhöhung der Lohnquote. Ein derart bedingter Anstieg der Lohnquote ist aber nicht als Verbesserung der Verteilungsposition der Arbeitnehmer zu interpretieren. Um die Effekte von derartigen Strukturveränderungen zu eliminieren, wird die Lohnquote bereinigt. Die *bereinigte Lohnquote* beschreibt die relative Veränderung der Lohnquote bei konstanter Beschäftigtenstruktur.[61] Die bereinigte Lohnquote unterliegt geringeren Schwankungen als die unbereinigte Lohnquote. Für Deutschland hat sich die bereinigte Lohnquote im Intervall von 60 bis 66% bewegt. Ihr Maximum erreichte sie im Jahr 1982.

Bei der Berechnung der Lohnquote bleibt unbeachtet, daß die Selbständigen neben ihrem Geldvermögen auch ihre Arbeitskraft in die Produktion einbringen. Soll eine Aussage darüber getroffen werden, wie groß der Anteil des Faktors Arbeit am Volkseinkommen ausfällt, dann ist für die Arbeitstätigkeiten der Selbständigen zumindest ein kalkulatorisches Arbeitseinkommen in Rechnung zu stellen. Bei der Bewertung dieses kalkulatorischen Arbeitseinkommens für Familienmitglieder und Selbständige wird auf das durchschnittliche Bruttoeinkommen aus unselbständiger Arbeit zurückgegriffen. Diese Berücksichtigung führt zur *Bruttoarbeitseinkommensquote*.

Die oben beschriebene Lohnquote ist eine Bruttoquote, d.h. Umverteilungen über Steuern und Transfers bleiben unberücksichtigt. Die Aufnahme der Steuer- und Transferzahlungen führt zur *Nettolohnquote*.

Die funktionale Einkommensverteilung geht davon aus, daß Personen entweder Einkommen aus selbständiger oder unselbständiger Tätigkeiten erzielen. Die

---

[58] Die Zahlen orientieren sich an den Angaben des Jahresgutachten des Sachverständigenrates (1996/97) Tab. 21.

[59] Vgl. auch die Ausführungen bei Moritz, Schuknecht, Spielkamp (1994) S. 256 ff.

[60] Diese Zahlen sind dem Jahresgutachten des Sachverständigenrates (1996/97) Tab. 37 entnommen. Die Quoten ergeben sich aufgrund eigener Berechnungen.

[61] Zur exakten Bestimmung der bereinigten Lohnquote vgl. Frenkel (1996) S. 99 ff.

Arbeitnehmerhaushalte haben jedoch ein beachtliches Geldvermögen (Bundesschatzbriefe, Aktien, Bausparguthaben) akkumuliert, aus denen sie neben ihren Arbeitseinkommen auch Einkommen in Form von Zinsen und Dividenden erwirtschaften. Die Lohnquote kann daher die Einkommenssituation der Arbeitnehmerhaushalte nicht hinreichend beschreiben. Der Umstand, daß Arbeitnehmerhaushalte auch Einkommen aus selbständigen Tätigkeiten erzielen bzw. allgemeiner, daß Personen Einkommen aus mehreren funktionellen Quellen beziehen können, wird in der *Querverteilung* berücksichtigt.

Schließlich ist zu beachten, daß die Verteilung innerhalb der Gruppe der selbständigen und unselbständigen Erwerbstätigen unberücksichtigt bleibt. Die Verteilung innerhalb der Gruppen untersucht die personelle Einkommensverteilung.

5.4.3 Die personelle Einkommensverteilung

Die *personelle Einkommensverteilung* liefert Informationen über die Verteilung des Volkseinkommens auf Wirtschaftssubjekte oder Wirtschaftsgruppen unabhängig davon, ob diese Einkommen durch selbständige oder unselbständige Tätigkeiten erzielt worden sind. Zur graphischen Illustration bedient man sich der sogenannten *Lorenzkurve*. Zur Verdeutlichung wird folgende fiktive Einkommensverteilung betrachtet:

prozentualer Anteil der Einkommensgruppe an allen Haushalten	prozentualer Anteil der Einkommensgruppe am Volkseinkommen	kumuliert
0 - 20	2	2
20 - 40	5	7
40 - 60	10	17
60 - 80	17	34
80 - 100	66	100

Tab. 5.2: Beispiel zur Berechnung der Lorenzkurve

In der Tab. 5.2 sind in der zweiten Spalte die Einkommensanteile verschiedener, nach ihrer Einkommenshöhe geordneter, Gruppen eingetragen. Diese Einkommensanteile werden in der dritten Spalte kumuliert.

Trägt man die Anteile der einzelnen Einkommensgruppen an allen Haushalten an der Abszisse und die kumulierten Anteile am Volkseinkommen an der Ordinate eines Koordinatensystems ab, so erhält man eine Lorenzkurve (vgl. Abb. 5.1).

Aus dem Verlauf der Lorenzkurve können folgende Informationen abgelesen werden: Die ärmsten 20% der Haushalte besitzen lediglich 2% des gesamten Volkseinkommens. Auf die ärmsten 40% der Haushalte entfallen 7% des Volkseinkommens. Analog verfügen die ärmsten 60% der Haushalte über 17% des Volkseinkommens. Im Umkehrschluß verfügen also die reichsten 40% der Haushalte über 83% des Volkseinkommens. Eine Gleichverteilung des Volkseinkommens läge vor, wenn die ärmsten 20% der Haushalte genau über 20% des Volkseinkommens verfügten, die ärmsten 40% der Haushalte über 40% des Volkseinkommens etc. Bei vollkommener Gleichverteilung verläuft die Lorenzkurve als Gerade durch die Punkte (0,0) und (100,100).

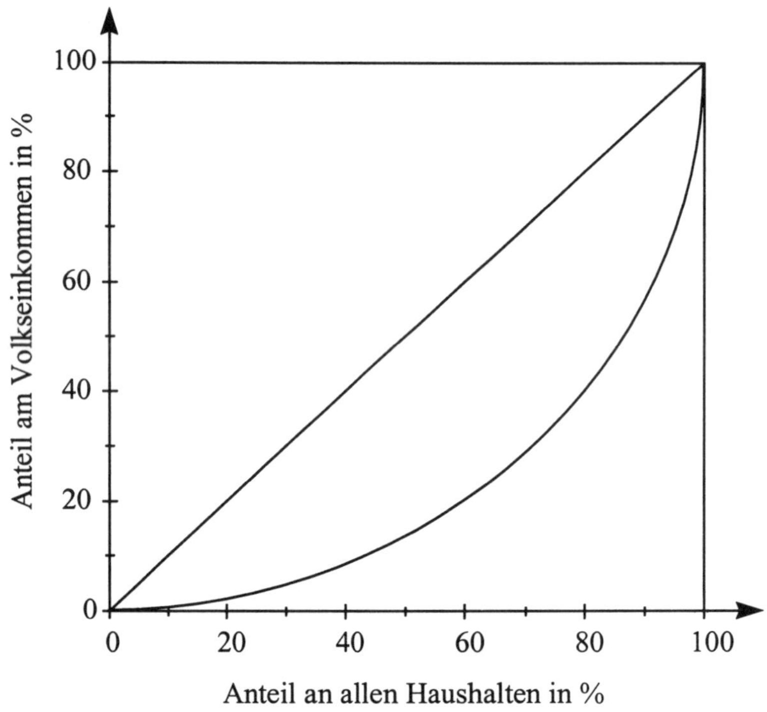

Abb. 5.1: Die Lorenzkurve

Das Ausmaß der Ungleichverteilung wird bestimmt durch die Fläche zwischen der tatsächlichen Lorenzkurve und der Gleichverteilungslinie, d.h. durch die Abweichung der tatsächlichen Verteilung von der Gleichverteilung.

Mit Hilfe des Verlaufs der Lorenzkurve wird ein erster Anhaltspunkt beim Vergleich der Einkommensverteilungen in unterschiedlichen Ländern geliefert. Der Vergleich wird allerdings erschwert, wenn sich die Lorenzkurven schneiden. Daher wurde der *Gini-Koeffizient GK* entwickelt, mit dessen Hilfe das Ausmaß der Ungleichverteilung mit einer einzigen Zahl ausgedrückt wird. Er läßt sich sowohl für die Primärverteilung vor staatlicher Umverteilung als auch für die Sekundärverteilung, die staatliche Transferzahlungen und Steuern einbezieht, berechnen. Der Gini-Koeffizient mißt das Verhältnis der Fläche zwischen der Diagonalen und der Lorenzkurve und der Fläche zwischen der Diagonalen und der Abszisse:

$$(5.10) \qquad GK = \frac{\text{Fläche zwischen Diagonale und Lorenzkurve}}{\text{Fläche zwischen Diagonale und Abszisse}}$$

Bei völliger Gleichverteilung verläuft die Lorenzkurve als Diagonale. Bei Gleichverteilung verschwindet die Fläche zwischen der Diagonalen und der Lorenzkurve. Der Gini-Koeffizient wird dann Null. Bei völliger Ungleichverteilung verfügt ein Haushalt über das gesamte Volkseinkommen. In diesem Falle sind die Flächen im Zähler und im Nenner des Gini-Koeffizienten nahezu identisch, woraus ein Gini-Koeffizient von Eins resultiert. Der Gini-Koeffizient liegt daher im Intervall zwischen Null und Eins:

$$0 \leq GK \leq 1$$

Je größer der Gini-Koeffizient ist, um so ungleicher ist das Volkseinkommen verteilt. Zur Veranschaulichung sind in Tab. 5.3 die Gini-Koeffizienten von 1990 für einige Länder der Welt aufgeführt. Es ist ersichtlich, daß Deutschland gemeinsam mit den skandinavischen Ländern und den ehemaligen Ostblockländern ein relativ gleichmäßig verteiltes Volkseinkommen hat. Dagegen sind die Einkommen in den lateinamerikanischen Ländern ungleicher verteilt.[62]

Lateinamerika	0,50	Jugoslawien	0,32
Südostasien	0,38	BRD	0,26
Westeuropa	0,31	UdSSR	0,26
Osteuropa	0,25	Norwegen	0,24
Brasilien	0,54	China	0,24
Bangladesch	0,36	CSFR	0,21
USA	0,32	Schweden	0,21

Tab. 5.3: Internationaler Vergleich der Einkommensverteilung[63]

Die Verwendung des Gini-Koeffizienten als Vergleichsmaßstab ist jedoch mit einigen Problemen verbunden. So wird bei einem derartigen Vergleich als Referenz Gleichverteilung unterstellt. Dies impliziert, daß auch Einkommen, die aufgrund besonders hoher Leistungen erzielt werden, negativ bewertet werden. Gerechtigkeit läßt sich dagegen auch leistungsbezogen definieren. Ein von Null abweichender Gini-Koeffizient muß daher nicht zwingend negativ eingestuft werden. Es ist vielmehr die Ursache der Ungleichverteilung zu hinterfragen. Zudem beschreibt der Gini-Koeffizient nur die relativen Einkommensverhältnisse. Ein geringer Gini-Koeffizient trifft keine Aussage über die tatsächliche Armut eines Landes.

Der Gini-Koeffizient beruht auf Zahlen, die durch öffentliche Statistiken erhoben werden. In diese Statistiken geht die Schattenwirtschaft nicht ein. Der Gini-Koeffizient gibt die tatsächliche Einkommensverteilung daher nur verzerrt wieder. Er kann nur Anhaltspunkte liefern und muß immer im Lichte aller anderen Daten einer Volkswirtschaft betrachtet werden.

5.5 Zusammenfassung

In diesem Kapitel wurden drei Berechnungsarten der Volkswirtschaftlichen Gesamtrechnung, die Einkommensverteilungsrechnung sowie die Güterentstehungs- und -verwendungsrechnung, vorgestellt. Die Zusammenhänge dieser Berechnungsarten können der folgenden Abbildung entnommen werden.

---

62 Bei der Interpretation der Tab. 5.4 ist zu beachten, daß einige der Länder inzwischen nicht mehr existieren bzw. über eine andere Wirtschaftsform verfügen.

63 Vgl. Institut der deutschen Wirtschaft, Nr. 30, 25. Juli (1990) S. 3.

I. Entstehungsrechnung
Produktionswert
\- Vorleistungen
= Bruttowertschöpfung (unbereinigt)
\- Unterstellte Entgelte für Bankdienstleistungen
= Bruttowertschöpfung (bereinigt)
\+ Nichtabzugsfähige Umsatzsteuer
\+ Einfuhrabgaben

II. Verwendungsrechnung
Privater Verbrauch
\+ Staatsverbrauch
\+ Ausrüstungsinvestitionen
± Vorratsveränderung
\+ Ausfuhr
\- Einfuhr

= Bruttoinlandsprodukt zu Marktpreisen
± Saldo der Erwerbs- und Vermögenseinkommen zwischen Inländern und der übrigen Welt
= Bruttosozialprodukt zu Marktpreisen
\- Abschreibungen
= Nettosozialprodukt zu Marktpreisen
\- indirekte Steuern
\+ Subventionen
= Nettosozialprodukt zu Faktorkosten = Volkseinkommen

Volkseinkommen

III. Verteilungsrechnung
Bruttoeinkommen aus Unternehmertätigkeit und Vermögen
\- Öffentliche Abgaben auf Einkommen aus Unternehmertätigkeit und Vermögen (direkte Steuern, u.ä.)
+/- Sonstige Zu- und Absetzungen
= Nettoeinkommen aus Unternehmertätigkeit und Vermögen

Bruttoeinkommen aus unselbständiger Arbeit
\- Tatsächliche Sozialbeiträge der Arbeitgeber
\- Unterstellte Sozialbeiträge
= Bruttolohn- und Gehaltssumme
\- Lohnsteuer
\- Tatsächliche Sozialbeiträge der Arbeitnehmer
= Nettolohn- und Gehaltssumme (Nettoeinkommen aus unselbständiger Arbeit)

Abb. 5.2: Berechnungsarten des Sozialprodukts[64]

Über die Entwicklung der Entstehung, Verwendung und Verteilung des Bruttoinlandsprodukts des gibt folgende Tabelle Auskunft:

[64] Vgl. Gutachten des Sachverständigenrates (1996/97) S. 318.

	1993	1994	1995p)	1996p)	1997p)	1994	1995p)	1996p)	1997p)	1994	1995p)	1996p)	1997p)
	Mrd DM					Veränderung gegen Vorjahr in %				Anteil in %			
I.Entstehung des Inlandsprodukts													
Land- und Forstwirtschaft	36,5	36,1	36,4	39	39,9	-1,2	0,9	7	2,5	1,1	1,1	1,1	1,1
Produzierendes Gewerbe	1.079,2	1.116,7	1.143,8	1.140,6	1.161	3,5	2,4	-0,3	1,8	33,6	33,1	32,2	31,9
Handel und Verkehr	454,1	478,4	487,8	490,7	506,6	5,3	2	0,6	3,3	14,4	14,1	13,9	13,9
Dienstleistungsunternehmen	1.034,2	1.110	1.182,6	1.254,3	1.310,5	7,3	6,5	6,1	4,5	33,4	34,2	35,4	36
Unternehmen	2.604	2.741,1	2.850,5	2.924,5	3018	5,3	4	2,6	3,2	82,4	82,4	82,6	82,9
Staat, private Haushalte u.ä.	449,6	461,7	479,8	489,2	493,1	2,7	3,9	2	0,8	13,9	13,9	13,8	13,5
Bruttowertschöpfung	3.053,6	3.202,8	3.330,2	3.413,8	3.511,1	4,9	4	2,5	2,9	96,2	96,3	96,4	96,4
desgl. bereinigt	2.918,1	3.063,2	3.193,1	3.273,8	3.367,7	5	4,2	2,5	2,9	92	92,3	92,4	92,5
Bruttoinlandsprodukt	3.163,7	3.328,2	3.459,6	3.541,5	3.641,8	5,2	3,9	2,4	2,8	100	100	100	100
II.Verwendung des Inlandsprodukts													
Privater Verbrauch	1.829,3	1.906	1.973,9	2.040	2.084	4,2	3,6	3,4	2,2	57,3	57,1	57,6	57,2
Staatsverbrauch	634,9	658,6	686,6	704,8	705,2	3,7	4,2	2,7	0,1	19,8	19,8	19,9	19,4
Ausrüstungen	261,5	258,1	262,3	267,9	279,5	-1,3	1,6	2,1	4,3	7,8	7,6	7,6	7,7
Bauten	429,5	468,1	479,7	462,4	451,6	9	2,5	-3,6	-2,3	14,1	13,9	13,1	12,4
Vorratsinvestitionen	-9,2	16,4	30,6	23,3	60,3	.	.	.	.	0,5	0,9	0,7	1,7
Inländische Verwendung	3.145,9	3.307,2	3.433	3.498,4	3.580,6	5,1	3,8	1,9	2,3	99,4	99,2	98,8	98,3
Außenbeitrag	17,8	21	26,6	43,1	61,2	.	.	.	.	0,6	0,8	1,2	1,7
Ausfuhr	697,6	757	820,8	865,8	967,9	8,5	8,4	5,5	11,8	22,7	23,7	24,4	26,6
Einfuhr	679,8	735,9	794,2	822,8	906,7	8,3	7,9	3,6	10,2	22,1	23	23,2	24,9
Bruttoinlandsprodukt	3.163,7	3.328,2	3.459,6	3.541,5	3.641,8	5,2	3,9	2,4	2,8	100	100	100	100
III.Verteilung des Volkseinkommens													
Einkommen aus unselbständiger Arbeit	1.777,9	1.824,1	1.883,4	1.902,7	1.906,6	2,6	3,3	1	0,2	72,7	72	71,1	69,4
Eink. aus Unternehmertätigkeit und Vermögen	622,6	685,9	731,6	771,5	840,1	10,2	6,7	5,5	8,9	27,3	28	28,9	30,6
Volkseinkommen	2.400,5	2.510	2.615,1	2.674,2	2.746,7	4,6	4,2	2,3	2,7	100	100	100	100
Nachrichtlich: Bruttosozialprodukt	3.168,8	3.320,2	3.442,7	3.515,3	3.612,2	4,8	3,7	2,1	2,8	.	.	.	.

Tab. 5.4: Entstehung und Verwendung des Inlandsprodukts, Verteilung des Volkseinkommens[65]

65 Monatsberichte der Deutschen Bundesbank Juli (1998).
p) Vorläufige Angaben.

6. Erfassung außenwirtschaftlicher Beziehungen

6.1 Überblick

Die *Zahlungsbilanz* erfaßt alle Transaktionen zwischen In- und Ausländern in einer abgelaufenen Periode.[66] Im Unterschied zu anderen Bilanzen werden in der Zahlungsbilanz Stromgrößen und nicht Bestandsgrößen erfaßt. Daher erscheint der Begriff „Bilanz" etwas unglücklich gewählt.

Die Erfassung der Transaktionen erfolgt danach, ob es sich um *Credit-* oder *Debetposten* handelt. *Creditposten* sind Vorgänge, die zu einem Devisenzufluß führen oder führen können. Hierzu zählen:

- der Export von Waren und Dienstleistungen
- vom Ausland empfangene Übertragungen
- die Kreditaufnahme im Ausland bzw. der Kapitalimport[67]

Debetposten sind Vorgänge, die zu Devisenabflüssen führen oder führen können. Folgende Transaktionen zählen hierzu:

- der Import von Waren und Dienstleistungen
- an das Ausland geleistete Übertragungen
- die Gewährung von Auslandskrediten bzw. der Kapitalexport

Für Transaktionen, mit denen keine Zahlungen verbunden sind, wie z.B. unentgeltliche Warenlieferungen im Rahmen der Entwicklungshilfe, werden fiktive Zahlungen unterstellt. Für die Ermittlung der verschiedenen Salden der Zahlungsbilanz ist es unerheblich, auf welcher Seite die Credit- bzw. die Debetposten verbucht werden. Im folgenden werden auf der linken Seite eines Kontos die Credit-Vorgänge und auf der rechten Seite die Debet-Vorgänge verbucht. Die Zahlungsbilanz läßt sich in drei Teilbilanzen untergliedern:

- die Leistungsbilanz
- die Kapitalbilanz
- die Bilanz der statistisch nicht aufgliederbaren Restposten

Jede dieser drei Teilbilanzen läßt sich ihrerseits wieder unterteilen. In den folgenden drei Abschnitten 6.2 bis 6.4 wird auf die detaillierte Untergliederung eingegangen. In Abschnitt 6.5 werden die Buchungsregeln in der Zahlungsbilanz in einem Überblick zusammengestellt. Die Unterschiede der Zahlungsbilanz in ihrer neuen Konzeption im Vergleich zur bisherigen Gliederung der Zahlungsbilanz werden in Abschnitt 6.6 behandelt. Zusammenhänge zwischen Leistungs-, Kapital- und Devisenbilanz werden in Abschnitt 6.7 dargestellt. In Abschnitt 6.8 werden die wichtigsten Erkenntnisse dieses Kapitels zusammengefaßt. Die Bestandteile der Zahlungsbilanz zeigt folgende Abbildung:

---

[66] Zu den Begriffen „Transaktionen" und „Inländer" vgl. die Ausführungen in den Abschnitten 2 4.1 und 4.2.6.3.

[67] Beachten Sie bitte, daß eine Kreditaufnahme im Ausland zwar einerseits die Verbindlichkeiten erhöht, andererseits jedoch einen Zustrom an Devisen induziert.

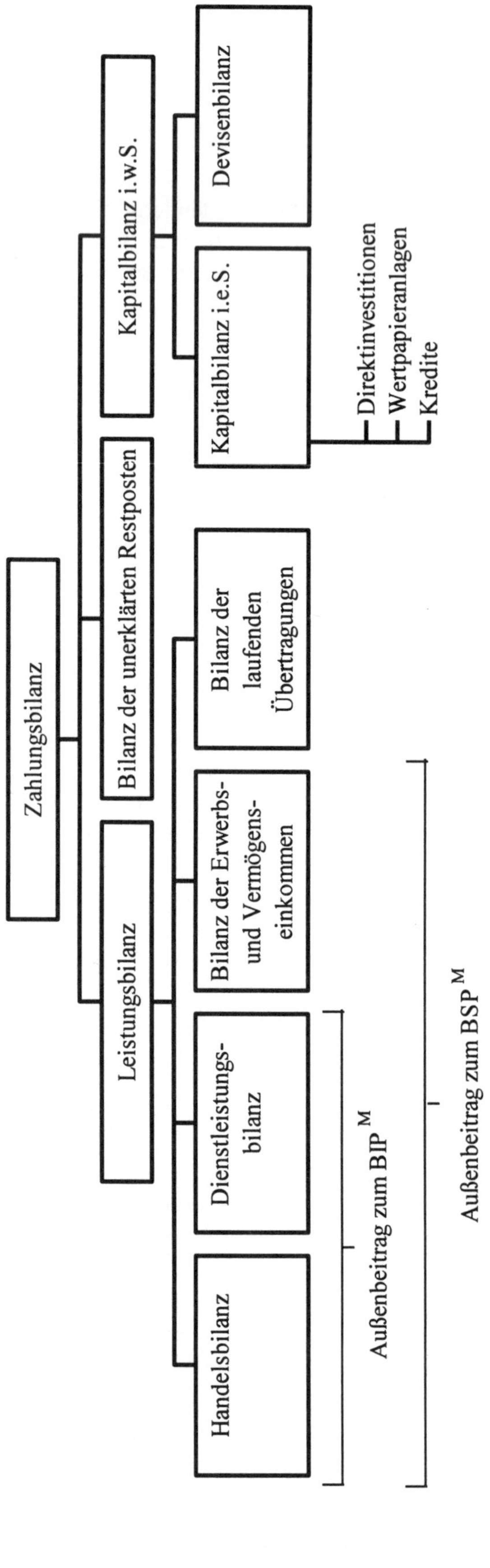

Abb. 6.1: Die Zahlungsbilanz

6.2 Die Leistungsbilanz

6.2.1 Bestandteile der Leistungsbilanz

In der Leistungsbilanz werden alle Transaktionen erfaßt, die Einfluß auf Einkommen und Verbrauch der Wirtschaftssubjekte haben.[68] Hierzu zählen bis auf die Vermögensübertragungen sämtliche Leistungstransaktionen sowie alle realen Transaktionen.

Die Leistungsbilanz wird in folgende Teilbilanzen unterteilt:

- Handelsbilanz (Außenhandel)
- Dienstleistungsbilanz
- Bilanz der Erwerbs- und Vermögenseinkommen
- Bilanz der laufenden Übertragungen

6.2.2 Die Handelsbilanz (Außenhandelsbilanz)

In der *Handelsbilanz*, auch *Außenhandelsbilanz* genannt, werden die Ex- und Importe von Waren erfaßt. Warenverkäufe werden, da sie zu Zahlungseingängen führen bzw. führen können, auf der linken Seite im Credit gebucht. Warenkäufe führen bzw. können zu Zahlungsausgängen führen und werden aus diesem Grunde auf der rechten Seite (Debet) der Handelsbilanz erfaßt. Zur Verdeutlichung werden folgende Beispiele betrachtet: [69]

1) Ein deutsches Automobilunternehmen verkauft Autos nach Frankreich im Wert von 200.000 $.
2) Ein deutsches Unternehmen kauft Computer aus den USA für 100.000 DM.

In der Handelsbilanz finden wir die entsprechenden Buchungen wieder:

Credit	**Handelsbilanz**		**Debet**
(1)	200.000,–	(2)	100.000,–
		Saldo	100.000,–
	200.000,–		200.000,–

Der Saldo wird für jede Teilbilanz stets auf der rechten Seite des betrachteten Kontos ermittelt. Ist der Saldo *positiv*, so liegt ein *Überschuß* vor; ist er *negativ*, handelt es sich um ein *Defizit*. Der Handelsbilanzsaldo gibt also darüber Auskunft, ob ein Land von den anderen Ländern wertmäßig mehr Waren importiert oder dorthin exportiert hat. Bei einem Saldo von Null spricht man von einer *ausgeglichenen Handelsbilanz*. In dem vorliegenden Beispiel weist die Handelsbilanz einen Überschuß von 100.000 DM auf.

6.2.3 Die Dienstleistungsbilanz

In der *Dienstleistungsbilanz* werden Ex- und Importe von Dienstleistungen verbucht. Dienstleistungen unterscheiden sich von Waren darin, daß sie nicht lagerfä-

---

[68] Vgl. Monatsberichte der Deutschen Bundesbank März (1995) S. 35.

[69] Zur Vereinfachung wird ein DM-Dollar-Wechselkurs von 1:1 unterstellt.

hig sind. Dienstleistungen, die ausschließlich zur Veredelung von inländischen Produkten und anschließendem Reimport erbracht werden (sog. Lohnveredelung), werden unter dem gesonderten Posten *Ergänzungen zum Warenverkehr* außerhalb der Dienstleistungsbilanz erfaßt. Bei ihnen überwiegt der Waren- bzw. Produktionscharakter.

Alle mit dem Tourismus verbundenen Ausgaben, z.B. auch die Ausgaben für Souvenirs, werden grundsätzlich in der Dienstleistungsbilanz verbucht. Der Grund liegt in der fehlenden Trennbarkeit der im Zusammenhang mit dem Tourismus vorgenommenen Warenkäufe und der in Anspruch genommenen Dienstleistungen. In der Dienstleistungsbilanz werden ferner die Regierungsleistungen (Einnahmen von militärischen Dienststellen), die Finanzdienstleistungen, der Transithandel, die Versicherungsdienstleistungen sowie der Verkauf von Patenten aufgeführt. Die Erwerbs- und Vermögenseinkommen werden nicht in der Dienstleistungsbilanz erfaßt. Für diese wird eine eigene Bilanz erstellt. Der Saldo aus Handels- und Dienstleistungsbilanz entspricht dem *Außenbeitrag zum Bruttoinlandsprodukt*.

Ein Problem bei der Zurechnung der Warenimporte stellen die Transportkosten von der Zollgrenze der Partnerländer bis zur deutschen Zollgrenze dar. Werden die Warenimporte *cif* (cost insurance freight) bewertet, dann sind im Wert der Warenimporte die Transportkosten von der Zollgrenze der Partnerländer bis zur deutschen Zollgrenze enthalten. Beim *fob*-Konzept (free on board) wird der Warenwert nur bis zur Zollgrenze des Partnerlandes berechnet. Die zusätzlich anfallenden Transportkosten werden getrennt in der Dienstleistungsbilanz erfaßt.

Zur Veranschaulichung der Transaktionen in der Dienstleistungsbilanz sollen folgende Beispiele betrachtet werden:

3) Die Leningrad Cowboys treten in Essen für 10.000 DM auf.
4) Ein japanischer Tourist kauft sich in der Drosselgasse in Rüdesheim eine Kuckucksuhr für 5.000 $.

Die Dienstleistungsbilanz weist dann folgende Struktur auf:

Credit	**Dienstleistungsbilanz**		**Debet**
(4)	5.000,–	(3) Saldo	10.000,– -5.000,–
	5.000,–		5.000,–

Der Auftritt der Leningrad Cowboys führt zu einem Zahlungsausgang und wird daher auf der rechten Seite der Dienstleistungsbilanz erfaßt. Die Ausgaben des japanischen Touristen führen dagegen zu einem Zahlungseingang und werden dementsprechend auf der linken Seite gebucht. Die Dienstleistungsbilanz weist ein Defizit von 5.000 DM auf.

6.2.4 Die Bilanz der Erwerbs- und Vermögenseinkommen

Wie schon erwähnt, werden die an das Ausland geleisteten Faktoreinkommen bzw. die vom Ausland empfangenen Faktoreinkommen in einer eigenen Bilanz geführt. Diese wird als Bilanz der *Erwerbs- und Vermögenseinkommen bezeichnet*. Zu den Faktoreinkommen zählen Zinsen, Gewinne und Löhne. Als Beispiel wird folgender Vorgang betrachtet:

5) Deutscher Haushalt erzielt Zinserträge in den USA in Höhe von 25.000 $.

Die Bilanz der Erwerbs- und Vermögenseinkommen hat folgende Gestalt:

Credit	Bilanz der Erwerbs- und Vermögenseinkommen		Debet
(5)	25.000,–	Saldo	25.000,–
	200.000,–		200.000,–

Da die Zinsen zu einem Zahlungseingang führen können, werden sie auf der linken Seite des Kontos verbucht. Die Bildung des Saldos aus Warenhandel, Dienstleistungen und Erwerbs- und Vermögenseinkommen liefert den *Außenbeitrag zum Bruttosozialprodukt*.

6.2.5 Die Übertragungsbilanz

In der *Übertragungsbilanz* werden alle laufenden Übertragungen erfaßt. Übertragungen liegen vor, wenn für eine erbrachte Leistung keine Gegenleistung erfolgt.[70] Die Vermögensübertragungen werden in der Übertragungsbilanz nicht berücksichtigt. Im Unterschied zu den laufenden Übertragungen handelt es sich bei den Vermögensübertragungen um Übertragungen, die von einem der Beteiligten als einmalig betrachtet werden.[71] Der Grund für die besondere Erfassung der Vermögensübertragungen liegt darin, daß in der Leistungsbilanz nur die Transaktionen erfaßt werden sollen, die Einfluß auf das Einkommen einer Volkswirtschaft haben.

In der Übertragungsbilanz werden z.B. folgende Vorgänge verbucht:

- Beiträge an internationale Organisationen
- Überweisungen von Gastarbeitern
- Wiedergutmachungen
- Entwicklungshilfe
- Renten-, Pensions- und Unterstützungszahlungen
- Spenden an internationale Organisationen

Als Beispiel für eine laufende Übertragung wird folgender Vorgang betrachtet:

6) Die Bundesrepublik schenkt einem Entwicklungsland 5.000 DM.

Das Übertragungsbilanz hat folgende Gestalt:

Credit	Übertragungsbilanz		Debet
		(6) Saldo	5.000,– -5.000,–
	0,–		0,–

Die Schenkung wird, da sie zu einem Zahlungsausgang führt, auf der rechten Seite der Übertragungsbilanz verbucht. Dies führt zu einem Defizit in der Übertragungsbilanz von 5.000 DM.

70 Vgl. Abschnitt 2.4.1

71 Vgl. Monatsberichte der Deutschen Bundesbank März (1995) S. 35.

6.2.6 Der Saldo der Leistungsbilanz

Die Zusammenfassung der Salden aus der Handelsbilanz, Dienstleistungsbilanz, Bilanz der Erwerbs- und Vermögenseinkommen sowie der Übertragungsbilanz ergibt den Saldo der Leistungsbilanz. Dieser entspricht ex-post der Differenz aus Ersparnis und Nettoinvestitionen. Er gibt im Fall eines negativen Saldos darüber Auskunft, welcher Anteil der Nettoinvestitionen durch Kreditaufnahme im Ausland finanziert worden ist. Im Fall eines positiven Saldos erhält man die Informationen, welcher Anteil der Ersparnis dem Ausland als Kredit zur Verfügung gestellt worden ist. Für die oben angeführten Beispiele resultiert:

Handelsbilanzsaldo	+100.000
Dienstleistungsbilanzsaldo	– 5.000
Saldo der Erwerbs- und Vermögenseinkommen	+ 25.000
Übertragungsbilanzsaldo	– 5.000
Leistungsbilanzsaldo	+115.000

In diesem Beispiel übersteigt die Ersparnis die im Inland getätigten Nettoinvestitionen um 115.000.

Aus diesen Überlegungen geht auch hervor, durch welche Transaktionen ein Schuldnerland seine Schulden reduzieren kann. Ein Abbau der Schulden kann erfolgen durch

- einen positiven Außenbeitrag.
- einen Überschuß in der Bilanz der laufenden Übertragungen.

Fordern die Gläubigerländer von den Schuldnerländern eine Rückzahlung der Schulden, dann müssen sie gegenüber den Schuldnerländern ihre Märkte öffnen. Ist dies aber wirtschaftlich nicht erwünscht, weil z.B. dadurch eine Gefährdung der Arbeitsplätze in den Gläubigerländern befürchtet wird,[72] dann sind die Schuldnerländer nicht in der Lage, ihre Schulden zu begleichen. Dies hat zur Folge, daß entweder die Schulden erlassen werden müssen oder daß in regelmäßigen Abständen Umschuldungsverhandlungen notwendig sind. Die Forderung nach Rückzahlung der Schulden ohne Öffnung der Märkte der Gläubigerländer birgt daher einen Widerspruch.

6.3 Die Kapitalbilanz

6.3.1 Bestandteile der Kapitalbilanz

In der *Kapitalbilanz* werden die Veränderungen von Forderungen bzw. Verbindlichkeiten des Inlands gegenüber dem Ausland erfaßt. In der Kapitalbilanz schlagen sich folgende Transaktionen nieder:

- Die Gegenbuchung der in der Leistungsbilanz erfaßten Leistungstransaktionen.
- Die mit dem Ausland abgewickelten Finanztransaktionen. Diese werden in der Kapitalbilanz zweimal gebucht.

[72] Damit an dieser Stelle kein falscher Eindruck erweckt wird, sei betont, daß die These „eine Öffnung der heimischen Märkte gefährdet das heimische Beschäftigungsziel“ in der Ökonomie mehr als umstritten ist.

Auf der rechten Seite der Kapitalbilanz wird eine Erhöhung der Forderungen mit (+) bzw. eine Reduktion der Forderungen mit (–) verbucht. Auf der linken Seite wird eine Reduktion der Verbindlichkeiten mit (–) bzw. eine Erhöhung der Verbindlichkeiten mit (+) gebucht.

Abstrahiert man von den weiter unten erläuterten statistisch nicht aufgliederbaren Restposten, dann entspricht der Saldo der Leistungsbilanz dem Saldo der Kapitalbilanz mit umgekehrtem Vorzeichen. Der Saldo der Kapitalbilanz und der Saldo der Leistungsbilanz liefern die gleichen Informationen über das Niveau der Veränderung der Nettoauslandsforderungen. Ein positiver Leistungsbilanzsaldo bzw. ein negativer Kapitalbilanzsaldo weist darauf hin, daß das Nettoauslandsvermögen sich tendenziell erhöht hat. Ein negativer Leistungsbilanzsaldo bzw. ein positiver Kapitalbilanzsaldo zeigt eine Abnahme des Nettoauslandsvermögens an.

Die Leistungsbilanz gibt darüber hinaus Auskunft, durch welche Transaktionen sich das Nettoauslandsvermögen verändert hat; die Kapitalbilanz gibt darüber hinaus Auskunft, in welcher Form und von wem das zusätzliche Auslandsvermögen gehalten wird bzw. wer die Verbindlichkeiten in welcher Form eingegangen ist. Leistungsbilanz und Kapitalbilanz betrachten somit eine Medaille von der jeweils anderen Seite.

Die Veränderungen der Forderungen und der Verbindlichkeiten der Deutschen Bundesbank gegenüber dem Ausland beeinflussen die Geldmenge in Deutschland. Aus diesem Grund wird für die Deutsche Bundesbank eine eigene Kapitalbilanz, die *Devisenbilanz,* geführt. Die Kapitalbilanz ohne die Auslandsbeziehungen der Bundesbank wird als *Kapitalbilanz im engeren Sinn* bezeichnet (KB_E). Die Kapitalbilanz im engeren Sinn und die Devisenbilanz ergeben die *Kapitalbilanz im weiteren Sinn* (KB_W). In der Praxis sind die Begriffe Kapitalbilanz im engeren und im weiteren Sinn kaum gebräuchlich. Wenn man von der Kapitalbilanz spricht, meint man stets die Kapitalbilanz im engeren Sinn.

Diese Untergliederung der Kapitalbilanz führt dazu, daß bestimmte Transaktionen zwischen Inländern entgegen der in Abschnitt 6.1 vorgenommenen Definition der Zahlungsbilanz verbucht werden. Ein Beispiel hierfür ist der Verkauf von Devisen von Inländern an die inländische Zentralbank.

6.3.2 Die Kapitalbilanz im engeren Sinn

Die Kapitalbilanz im engeren Sinn wird nach funktionalen Gesichtspunkten in Direktinvestitionen, Wertpapieranlagen, Kreditverkehr und sonstige Transaktionen unterteilt. Die Unterscheidung in kurz- und langfristige Kapitalbilanz wird nicht mehr praktiziert.

Unter *Direktinvestitionen* werden diejenigen Kapitalanlagen zusammengefaßt, die mit dem Ziel der Einflußnahme auf die Geschäftspolitik eines ausländischen Unternehmens vorgenommen werden.[73] Als Indikator wird eine Beteiligung von mindestens 20% an einem Unternehmen mittels Aktienerwerbes oder durch die Vergabe von Finanzkrediten herangezogen.[74]

Zu den *Wertpapieranlagen* zählen Dividendenwerte, Investmentzertifikate (inklusive Geldmarktfonds), lang- und kurzfristige verzinsliche Wertpapiere und Finanzderivate. Der *Kreditverkehr* umfaßt die lang- und kurzfristigen Finanzkredite und Handelskredite wie Zahlungsziele und Anzahlungen. Die Beitragszahlungen des

---

73 Vgl. Monatsberichte der Deutschen Bundesbank März (1995) S. 38.

74 Vgl. Haslinger (1997) S. 345

Bundes an internationale Organisationen und die Nettoprämien und Auszahlungen von Lebensversicherungen werden unter den *sonstigen Kapitalanlagen* subsumiert. Zur Erläuterung werden folgende Beispiele betrachtet:

7) Ein Deutscher nimmt im Ausland einen Kredit in Höhe von 1.000 Dollar auf und erhält dafür Dollar bar ausgezahlt.
8) Ein Deutscher kauft ein ausländisches Wertpapier und zahlt 500 DM.
9) Die Bundesbank kauft von deutschen Geschäftsbanken Devisen in Höhe von 2.000 Dollar.

Unter Beachtung der vorangegangenen Transaktionen (1) bis (6) ergibt sich folgende Struktur der Kapitalbilanz, wobei auf eine tiefere Untergliederung der Kapitalbilanz verzichtet wird:[75]

Credit	KB_E		**Debet**
(2)	100.000,–	(1)	200.000,–
(3)	10.000,–	(4)	5.000,–
(6)	5.000,–	(5)	25,000,–
(7)	1.000,–	(7)	1.000,–
(8)	500,–	(8)	500,–
		(9)	-2.000,–
		Saldo	-113.000,–
	116.500,–		116.500,–

Die Buchungen (1) bis (6) stellen Gegenbuchungen zur Leistungsbilanz dar. Vorgang (7) führt zu einer Bilanzverlängerung, da die Volkswirtschaft eine Forderung erhält und gleichzeitig eine Verbindlichkeit eingeht. Auch Vorgang (8) führt zu einer Bilanzverlängerung.

Es ist zu beachten, daß eine Kreditaufnahme im Ausland für sich genommen die Nettoauslandsschulden nicht erhöht, da mit Eingehen der Verbindlichkeit das Land gleichzeitig eine Forderung erhält bzw. eine andere Verbindlichkeit zurückzahlt. Eine Erhöhung der Nettoauslandsverbindlichkeiten aufgrund einer Verschuldung tritt erst dann ein, wenn der Kredit zum Kauf von ausländischen Gütern verwendet wird bzw. wenn auf den Kredit Zinsen und Gebühren zu zahlen sind. Ebenso zieht eine Kreditvergabe für sich genommen noch keine Erhöhung der Nettoauslandsforderungen nach sich. Dasselbe gilt für eine Umschuldung. Auch sie stellt noch keine Reduktion der Nettoauslandsschulden dar. In diesem Fall werden in der Regel lediglich kurzfristige gegen langfristige Verbindlichkeiten ausgetauscht.

In den obigen Beispielen (1) bis (9) ist der Saldo der Kapitalbilanz negativ. Man spricht von einem *Nettokapitalexport*, da netto mehr Kapital aus dem Inland abgeflossen als umgekehrt Kapital in das Inland hineingeflossen ist. Netto wurde somit ein Kredit an das Ausland gegeben.

Ist der Saldo der Kapitalbilanz positiv, so spricht man von einem *Nettokapitalimport*. In diesem Falle ist netto mehr Kapital aus dem Ausland in das Inland hineingeflossen, als Kapital aus dem Inland abgeflossen ist. Das Inland hat also netto einen Kredit im Ausland aufgenommen.

[75] Der Vorgang (9) wird mit einem Minuszeichen auf der rechten Seite verbucht, da die Forderungsbestände der Inländer (ohne Bundesbank) abgenommen haben.

6.3.3 Die Devisenbilanz

In der *Devisenbilanz* werden die Veränderungen der Gold- und Devisenbestände der Deutschen Bundesbank und Veränderungen ihrer Forderungen und Verbindlichkeiten gegenüber Ausländern erfaßt. Entsprechend zur Kapitalbilanz liegt ein Kapitalexport vor, wenn die Forderungen gegenüber dem Ausland steigen und ein Kapitalimport, wenn die Verbindlichkeiten gegenüber dem Ausland zunehmen.

Die Gegenbuchung zu Vorgang (9) schlägt sich in der Devisenbilanz nieder. Außerdem soll noch folgender Vorgang betrachtet werden:

10) Die Bundesbank gewährt der französischen Zentralbank einen Kredit in Höhe von 500 DM.

Die Devisenbilanz hat dann folgendes Bild:

Credit	**Devisenbilanz**		**Debet**
(10)	500,–	(9) (10) Saldo	2.000,– 500,– -2000,–
	500,–		500,–

Der Saldo der Devisenbilanz ist in diesem Beispiel negativ. Dies deutet daraufhin, daß ein Nettokapitalexport bzw. eine Zunahme der Devisenbestände stattgefunden hat. Hat die Devisenbilanz einen positiven Saldo, dann liegt ein Kapitalimport bzw. eine Abnahme der Devisenbestände vor. Bei der Interpretation der Statistiken der Deutschen Bundesbank ist zu berücksichtigen, daß die Deutsche Bundesbank nicht den Saldo der Devisenbilanz, sondern die Veränderung der Devisenbestände ausweist. Die Veränderungen der Devisenbestände und der Saldo der Devisenbilanz haben entgegengesetzte Vorzeichen.

6.4 Ungeklärte Restposten

Bisher wurde implizit unterstellt, daß jede Transaktion mit dem Ausland einzeln gebucht wird. Der Großteil der in der Zahlungsbilanz aufgeführten Transaktionen ist jedoch nur sehr schwer erfaßbar. In der Praxis werden daher die Teilbilanzen der Zahlungsbilanz unabhängig voneinander aufgestellt. So registriert z.B. das Statistische Bundesamt den Warenverkehr unabhängig von der jeweiligen Art der Finanzierung.

Vor allem der Bereich der Dienstleistungen läßt sich nur schwer erfassen. Beispielsweise kann man die im Auslandstourismus erworbenen Dienstleistungen häufig nur näherungsweise an Hand von eingelösten Reiseschecks oder an Veränderungen der Bestände an ausländischem Bargeld bei den Kreditinstituten abschätzen. Ähnlich verhält es sich bei Exporten mit Lieferantenkrediten an das Ausland. Diese werden als solche kurzfristig nicht aufgezeichnet und fehlen in den vorläufigen Jahresabschlüssen der Zahlungsbilanz. In einigen anderen Bereichen liegen überhaupt keine exakten Daten vor, sondern es können nur Schätzungen vorgenommen werden. Hierzu zählen die Kapitalerträge aus dem Ausland und Finanztransfers von Gastarbeitern.

Ungenauigkeiten entstehen also dadurch, daß

– Leistung und Gegenleistung unterschiedlichen Quellen entnommen werden,

- Meldelücken vorliegen,
- Erfassungsfehler auftreten und
- Fehler bei der Bewertung der beiden Seiten einer Transaktion zu unterschiedlichen Kursen auftreten.

Aufgrund der getrennten Erfassung der Teilbilanzen und der angeführten Probleme addieren sich die Salden der Teilbilanzen nicht zu Null. Größen, die statistisch nicht aufgliederbar sind, werden unter der Position *Statistisch nicht aufgliederbare Restposten* in der Zahlungsbilanz erfaßt.

Beachten Sie bitte, daß sich die einzelnen Ungenauigkeiten der Erfassung aufheben können, so daß der Saldo des Restposten keine unmittelbaren Rückschlüsse auf die Genauigkeit der Zahlungsbilanz zuläßt.

6.5 Neukonzeption der Zahlungsbilanz[76]

Die in diesem Kapitel vorgestellten Teilbilanzen entsprechen der Neukonzeption der Zahlungsbilanz der Bundesbank aus dem Jahr 1995. Gegenüber dem ursprünglichen Konzept weist das neue Konzept folgende Besonderheiten auf:

- Die Kapitalbilanz wurde in dem früheren Konzept nach kurz- und langfristigen Kriterien gegliedert. Diese Aufteilung wurde aufgegeben. Nach dem neuen Konzept wird die Kapitalbilanz nach funktionalen Gesichtspunkten aufgeschlüsselt. Wegen der zunehmenden Bedeutung der Finanzderivate werden diese in einer eigenen Bilanz zusammengefaßt. Das Transaktionsvolumen im Kapitalverkehr übertrifft inzwischen bei weitem das im Leistungsverkehr. Daher wurde in der Kapitalbilanz eine deutlichere Unterscheidung zwischen Kapitalströmen und -beständen (Auslandsverbindlichkeiten und -forderungen) getroffen.
- In der früheren Konzeption der Zahlungsbilanz wurde die Position „Ausgleichsposten" zur Auslandsposition der Bundesbank aufgeführt. Dieser Posten bezog sich auf die Kursgewinne oder -verluste, die der Bundesbank durch das Halten ihrer Devisenreserven entstanden sind. Seit der Neukonzeption der Zahlungsbilanz wird diese Position nicht mehr explizit aufgeführt. Damit wird der Grundsatz, daß die Zahlungsbilanz nur Transaktionen, die Einfluß auf das Einkommen, aber keine Bewertungsänderungen enthalten soll, auch auf die Devisenbilanz der Bundesbank angewandt. Die Veränderungen der Devisenbestände werden daher zu Transaktionskosten angegeben. Aus den nachrichtlich beigefügten Kursänderungen läßt sich die ehemalige Position Ausgleichsposten errechnen.[77]
- Die Erwerbs- und Vermögenseinkommen waren früher Bestandteil der Dienstleistungsbilanz. Die Einführung einer eigenständigen Bilanz für die Erwerbs- und Vermögenseinkommen bringt den Vorteil, daß nun unmittelbar zwischen dem Außenbeitrag zum Bruttoinlandsprodukt und dem Außenbeitrag zum Bruttosozialprodukt differenziert werden kann.
- In der Übertragungsbilanz werden nach dem neuen Konzept die Vermögensübertragungen nicht mehr erfaßt. Die Herausnahme der Vermögensübertragungen begründet die Bundesbank damit, daß in der Leistungsbilanz nur Transaktionen berücksichtigt werden sollen, die einen Einfluß auf Einkommen und Ver-

[76] Vgl. hierzu ausführlich Monatsberichte der Deutschen Bundesbank März (1995) S. 13 ff.

[77] Vgl. Monatsberichte der Deutschen Bundesbank März (1995) S. 40.

brauch der Wirtschaftssubjekte haben.[78] Vermögensübertragungen verändern dagegen direkt das Vermögen der beteiligten Länder, während sie auf Einkommen und Verbrauch nur indirekt wirken.

- Nach dem früheren Konzept war der Leistungsbilanzsaldo identisch mit der Veränderung des Nettoauslandsvermögens einer Volkswirtschaft. Der Leistungsbilanzsaldo entspricht nach dem neuen Konzept der Differenz aus Ersparnis und Nettoinvestitionen eines Landes. Zum Finanzierungssaldo kommt man nach Einbeziehung der Vermögensübertragungen.

In der folgenden Übersicht werden die Salden in der Zahlungsbilanz und die Salden in der Volkswirtschaftlichen Gesamtrechnung gegenübergestellt:

Salden in der Zahlungsbilanz	Salden in der VGR
Warenhandel und Dienstleistungen + Erwerbs- und Vermögenseinkommen (Faktoreinkommen)	Außenbeitrag zum BIP + Erwerbs- und Vermögenseinkommen (Faktoreinkommen)
- laufende Nettoübertragungen an das Ausland	= Außenbeitrag zum BSP - laufende Nettoübertragungen an die übrige Welt
= Leistungsbilanz	= Saldo aus Ersparnis und Nettoinvestitionen - Nettovermögensübertragungen an die übrige Welt
	= Finanzierungssaldo

Abb. 6.2: Salden in der Zahlungsbilanz und in der Volkswirtschaftlichen Gesamtrechnung[79]

Werden zum Leistungsbilanzsaldo die Nettovermögensübertragungen an die übrige Welt hinzugerechnet, dann erhält man Informationen über die *Veränderung der Nettoauslandsforderungen* eines Landes. Dies entspricht dem *Finanzierungssaldo* der Volkswirtschaftlichen Gesamtrechnung. Ist die Summe aus Leistungsbilanzsaldo und Vermögensübertragungen positiv, dann nehmen die Nettoauslandsforderungen tendenziell zu. Ist der Saldo dagegen negativ, dann nehmen die Nettoauslandsforderungen tendenziell ab. Für unser Beispiel sei folgende Information bekannt:

11) Die Nettovermögensübertragungen der Bundesrepublik an die übrige Welt betragen 15.000 DM.

Für die Veränderung des Nettoauslandsvermögens ergibt sich daher:

Leistungsbilanzsaldo	+115.000
Saldo der Vermögensübertragungen	-15.000
Finanzierungssaldo	+100.000

Die Nettoauslandsforderungen haben um 100.000 DM zugenommen.

---

[78] Vgl. Monatsberichte der Deutschen Bundesbank März (1995) S. 35.

[79] Entnommen aus: Monatsberichte der Deutschen Bundesbank März (1995) S. 37.

6.6 Der statistische Ausgleich der Zahlungsbilanz

Die Zahlungsbilanz ist per Definition immer ausgeglichen, da jeder Buchung nach dem Prinzip der doppelten Buchführung eine Gegenbuchung gegenübersteht. Wenn von Zahlungsbilanzdefiziten bzw. -überschüssen die Rede ist, sind daher Teilbilanzen bzw. Kombinationen von Teilbilanzen der Zahlungsbilanz gemeint. Zahlungsbilanzausgleich - interpretiert als Gleichgewicht - bezieht sich dann auf den Ausgleich einer Teilbilanz bzw. den Ausgleich der Summe mehrerer Teilbilanzen. In unserem obigen Beispiel haben wir folgende Salden der Teilbilanzen ermittelt:

Leistungsbilanz	+ 115.000
Kapitalbilanz	- 113.000
Devisenbilanz	- 2.000
	0

Werden die Salden aller Teilbilanzen addiert, so erhält man den Saldo der Zahlungsbilanz, der immer Null sein muß. Dies wird noch einmal deutlich, wenn wir uns jede einzelne Transaktion ansehen. Transaktionen, die nur eine Teilbilanz berühren, beeinflussen den Saldo der betreffenden Bilanz nicht. Transaktionen, die auf zwei Teilbilanzen wirken, erhöhen stets den Saldo einer Bilanz und verringern gleichzeitig den Saldo einer anderen Bilanz um den gleichen Betrag. Betrachten wir das Beispiel (1). Der Warenexport erhöht den Leistungsbilanzsaldo bei gleichzeitiger Verringerung des Kapitalbilanzsaldos, so daß sich die Veränderungen der Salden bei einer Aufsummierung aufheben.

Unterschiedliche Situationen der Teilbilanzen können an Hand der folgenden Abb. 6.3 diskutiert werden.

Dabei bleiben statistisch nicht aufgliederbare Transaktionen unberücksichtigt. Die schwarze Säule stellt den Leistungsbilanzsaldo, die weiße Säule den Nettokapitalexport (Kapitalabfluß, negativer Kapitalbilanzsaldo) und die graue Säule die Devisenveränderung (negativer Devisenbilanzsaldo) dar.

Die Fälle 1) und 2) sind dadurch gekennzeichnet, daß der Saldo der Leistungsbilanz dem Saldo der Kapitalbilanz[80] mit umgekehrtem Vorzeichen entspricht. Die Devisenbilanz wird nicht berührt. Diese beiden Fälle sind für flexible Wechselkurse, in denen die Zentralbank zu Interventionen nicht verpflichtet ist, typisch. Der Wechselkursmechanismus sorgt dafür, daß die Summe aus Leistungsbilanz- und Kapitalbilanzsaldo Null wird. Ist diese Summe positiv, so liegt ein Angebotsüberhang am Devisenmarkt nach Devisen vor. Die induzierte Aufwertung der heimischen Währung beseitigt den Angebotsüberhang und gleichzeitig wird die Summe der Salden der beiden genannten Teilbilanzen Null.

Ein Ausgleich von Leistungsbilanz und Kapitalbilanz ist auch bei fixen Wechselkursen möglich. Bei der Zentralbank findet dann kein Devisenzufluß- bzw. Devisenabfluß statt. In diesem Fall spricht man von einem Zahlungsbilanzgleichgewicht.

Im Fall 1) liegt ein Leistungsbilanzüberschuß vor, der durch einen entsprechenden Nettokapitalexport ausgeglichen wird. Dies impliziert, daß das betreffende Land

80 Mit Kapitalbilanz ist hier stets die Kapitalbilanz im engeren Sinn gemeint.

ohne Eingreifen der Zentralbank seine Leistungsbilanzüberschüsse im Ausland angelegt hat bzw. Devisen hält. Ein typisches Beispiel hierfür ist Japan, das seine Leistungsbilanzüberschüsse häufig zu Direktinvestitionen im Ausland nutzt.

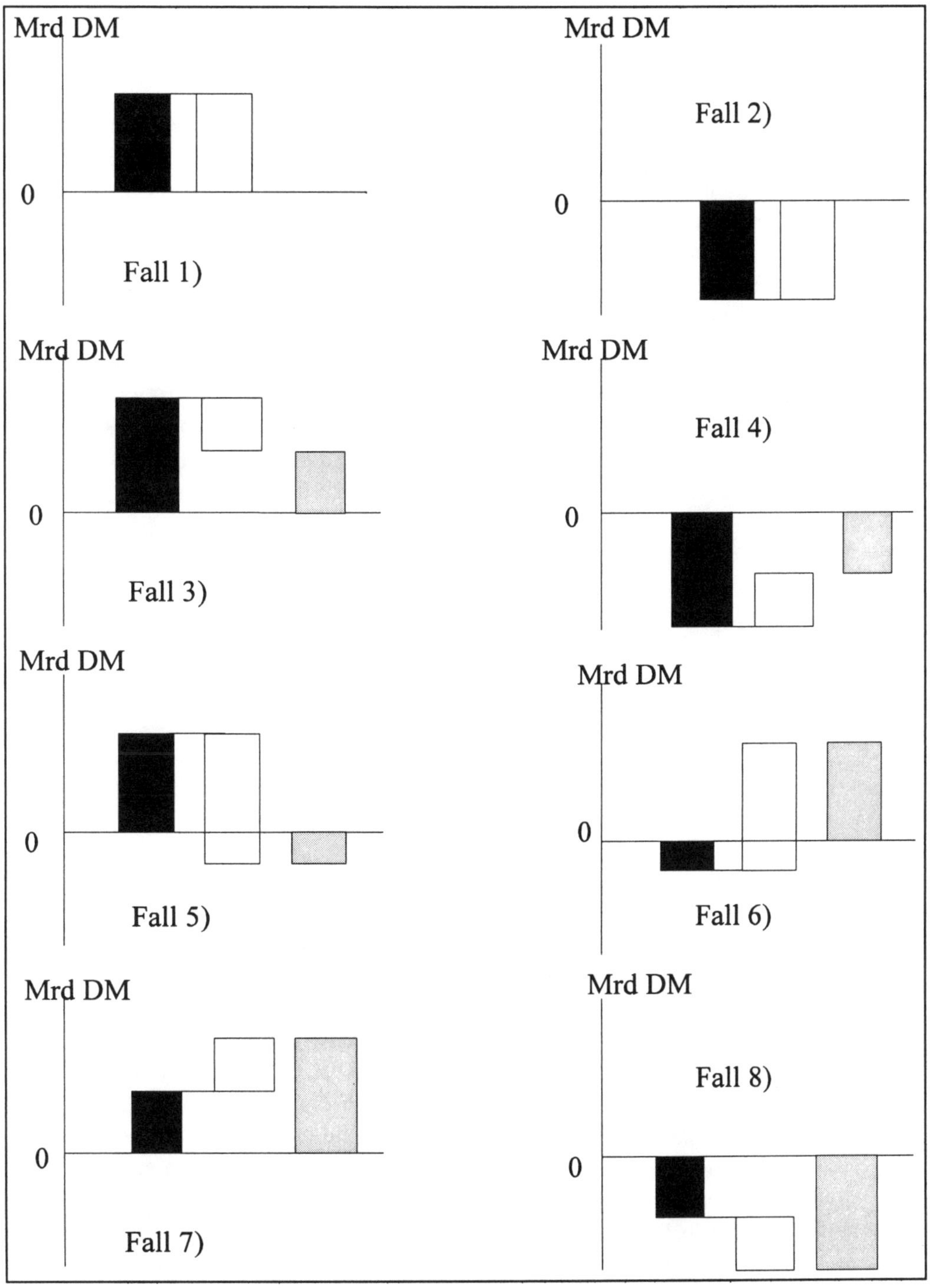

Abb. 6.3: Zahlungsbilanzsituationen[81]

Die entgegengesetzten Situationen zeigt Fall 2). Das Inland finanziert seine Leistungsbilanzdefizite durch Auslandskredite. Die USA sind hierfür ein typisches Beispiel. Aus den Fällen 1) und 2) wird deutlich, daß ein Leistungsbilanzüberschuß bei flexiblen Wechselkursen mit einem Kapitalbilanzdefizit und umgekehrt ein Leistungsbilanzdefizit immer mit einem Kapitalbilanzüberschuß einhergeht. Die

[81] Entnommen aus Stobbe (1989) S. 208..

Forderung nach einem Überschuß der Leistungsbilanz und Nettokapitalimporten, die gelegentlich geäußert wird, ist aus diesem Grunde nicht besonders sinnvoll. Strebt man einen Leistungsbilanzüberschuß an, dann muß man auch einen Kapitalabfluß zulassen. Leistungsbilanzüberschüsse sind ohne Zuflüsse der Devisenbestände bei der Zentralbank unvereinbar mit Nettokapitalimporten. Möchte man dagegen den Kapitalimport anregen, dann sind Leistungsbilanzdefizite unvermeidlich.

Die folgenden Fälle sind typisch für feste Wechselkurse. Sie können aber auch bei flexiblen Wechselkursen durch freiwillige Interventionen der Zentralbank eintreten. Man bezeichnet dies als *kontrolliertes Floaten*. Im Unterschied zu festen Wechselkursen ist die Zentralbank aufgrund bestehender internationaler Regelungen nicht zur Intervention verpflichtet. Interventionen bei flexiblen Wechselkursen können z.B. dadurch motiviert sein, daß der Wechselkurs sich von der Kaufkraftparität zu stark entfernt.

Der Fall 3) zeigt ein Leistungsbilanzüberschuß. Das Inland ist jedoch nicht bereit, dem Ausland in dieser Höhe einen Kredit zu gewähren. Bei dem fixierten Wechselkurs liegt ein Angebotsüberhang an ausländischer Währung vor. Diesen Angebotsüberhang muß die Zentralbank aufkaufen, so daß die Devisenbestände zunehmen. Diese Situation läßt sich anhand eines Devisenmarktdiagramms verdeutlichen:

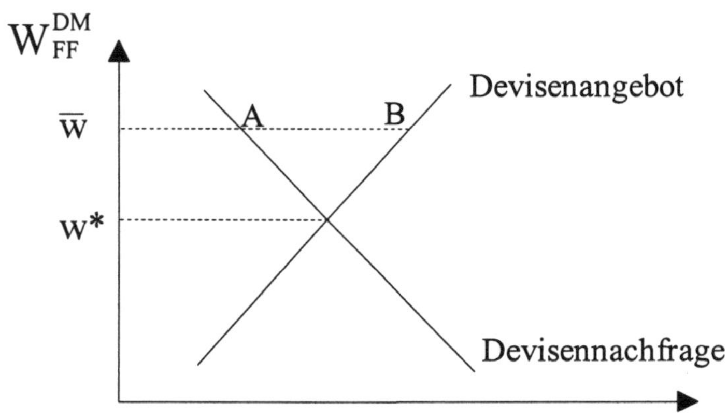

Abb. 6.4: Angebotsüberhang am Devisenmarkt

Beim gleichgewichtigen Wechselkurs w^* stimmen Devisenangebot und Devisennachfrage überein. Das Devisenangebot wird bestimmt durch die Exporte von Waren und Dienstleistungen an das Ausland, durch die empfangenen Übertragungen und durch Kapitalimporte aus dem Ausland. Die Devisennachfrage ist abhängig von den importierten Waren und Dienstleistungen, von den geleisteten Übertragungen und vom Kapitalexport. Bei dem über dem Gleichgewichtskurs w^* liegenden fixierten Wechselkurs $\overline{w}$ liegt ein Angebotsüberhang in Höhe der Strecke AB vor, der durch die Zentralbank aufgekauft werden muß. Dies führt zu einem Defizit in der Devisenbilanz. Eine solche Situation lag in Deutschland in den Jahren 1975-1978, 1982 und 1986-1987 vor.

Der Fall 4) zeigt die umgekehrte Situation. Das betrachtete Land bezieht netto mehr Leistungen vom Ausland, als es an das Ausland abgibt. Das Ausland ist aber nicht bereit, dem Inland in voller Höhe des Leistungsbilanzdefizits Kredite zu gewähren. Beim fixierten Wechselkurs entsteht ein Nachfrageüberhang nach ausländischer Währung. Die Zentralbank muß die heimische Währung stützen. Dazu muß sie entweder Devisen abgeben oder Kredite im Ausland aufnehmen. Die Nettoauslandsaktiva der Zentralbank sinken. Es entsteht ein Überschuß in der Devisenbilanz.

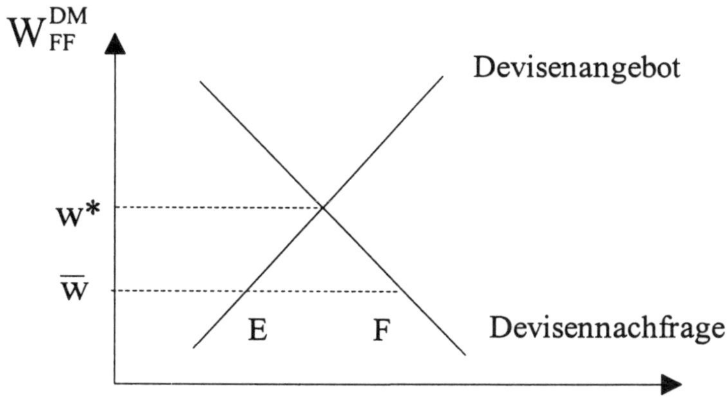

Abb. 6.5: Nachfrageüberhang am Devisenmarkt

Anhand des Devisenmarktdiagramms in Abb. 6.5 erkennt man, daß der fixierte Wechselkurs $\overline{w}$ unter dem gleichgewichtigen Wechselkurs w* liegt. Dadurch entsteht ein Devisennachfrageüberhang in Höhe der Strecke EF. Die Zentralbank muß die überschüssige Devisennachfrage durch Verkäufe ihrer Devisenbestände befriedigen. Dies führt zu einem Überschuß in der Devisenbilanz.

Im Fall 5) hat das Land zwar einen Leistungsbilanzüberschuß, dieser reicht jedoch bei vorgegebenem Wechselkurs nicht aus, um die Kapitalexporte zu kompensieren. Die Inländer möchten im Ausland mehr Kapital anlegen, als sie durch Leistungsbilanzüberschüsse erwirtschaftet haben. Es liegt analog zum Fall 4) ein Nachfrageüberhang nach Devisen vor. Trotz des Leistungsbilanzüberschusses verliert die Zentralbank daher Devisen. Solche Konstellationen lagen in Deutschland in den Jahren 1988 und 1989 vor.

In dem Fall 6) hat das betrachtete Land ein Leistungsbilanzdefizit. Netto kommt jedoch mehr Kapital ins Land, als zur Finanzierung des Leistungsbilanzdefizits benötigt wird. In diesem Fall sind die ausländischen Wirtschaftssubjekte bereit, mehr Kapital im Inland anzulegen, als sie durch den ausländischen Leistungsbilanzüberschuß erwirtschaftet haben. Es liegt analog zum Fall 3) ein Angebotsüberhang am Devisenmarkt vor. Die Zentralbank muß daher Devisen aufkaufen. Eine Ursache für eine solche Konstellation könnte eine starke Aufwertungserwartung der heimischen Währung sein. Dies traf im Jahr 1992 für die Bundesrepublik Deutschland zu.

Im Fall 7) liegt ein Leistungsbilanzüberschuß und ein positiver Nettokapitalimport vor. Die Zentralbank muß durch Kauf von Devisen die ausländischen Währungen stützen. Eine derartige Konstellation hatten wir in Deutschland in den Jahren 1971 bis 1973. In diesem Zeitraum hatte die Bundesrepublik einerseits gegenüber anderen Ländern eine niedrigere Inflationsrate. Dies führte tendenziell zu einer realen Abwertung der DM. Die internationale Wettbewerbsfähigkeit deutscher Produzenten verbesserte sich dadurch und induzierte Leistungsbilanzüberschüsse. Andererseits erwarteten die Spekulanten eine Aufwertung der DM und legten ihr Geld in Deutschland an.

Im Fall 8) schließlich hat das betrachtete Land ein Leistungsbilanzdefizit. Zusätzlich werden Abwertungen der Währung erwartet, was zu Kapitalexporten führt. Die Zentralbank muß Devisen abgeben. Häufig findet man eine derartige Situation, wenn das betrachtete Land zur Bekämpfung eines Leistungsbilanzdefizits Kapitalverkehrsbeschränkungen einführen will. Bevor diese wirken, haben die Anleger ihr Kapital bereits ins Ausland transferiert.

Aus den vorausgegangenen Ausführungen ist deutlich geworden, daß sich die Salden von Leistungsbilanz LB, Kapitalbilanz KB und Devisenbilanz DB zu Null addieren:

(6.1) $LBS + KBS + DBS = 0$ bzw. (6.2) $LBS + KBS = -DBS$

Der Devisenbilanzsaldo spiegelt das Ergebnis aller ökonomischen Transaktionen zwischen Inländern und Ausländern wieder. Der Devisenbilanzsaldo muß daher mit umgekehrtem Vorzeichen den gleichen Saldo haben wie die Summe aus Leistungs- und Kapitalbilanzsaldo.

Ist die Summe aus Leistungs- und Kapitalbilanzsaldo positiv, so ist der Devisenbilanzsaldo negativ. Es besteht am Devisenmarkt ein Überschußangebot an Devisen, dem die Zentralbank mit Devisenkäufen und Kreditgewährung an das Ausland begegnen muß. Die Devisenbestände der Zentralbank nehmen zu:

(6.3) $LBS + KBS > 0 \Rightarrow DBS < 0$

Ist dagegen die Summe aus Leistungs- und Kapitalbilanzsaldo negativ, dann nimmt der Devisenbilanzsaldo einen positiven Wert an. Die damit einhergehende Überschußnachfrage nach Devisen wird von der Zentralbank durch Kreditaufnahme im Ausland und Devisenverkäufe aufgefangen. Dadurch sinken die Devisenreserven der Zentralbank.

(6.4) $LBS + KBS < 0 \Rightarrow DBS > 0$

6.7 Zusammenfassung

In der Zahlungsbilanz werden alle Transaktionen zwischen In- und Ausländern in einer betrachteten Periode erfaßt. Teilbilanzen der Zahlungsbilanz sind die Leistungsbilanz, die Kapitalbilanz und die Bilanz der statistisch nicht aufgliederbaren Restposten. Bestandteile der Leistungsbilanz sind die Handelsbilanz, die Dienstleistungsbilanz, die Bilanz der Erwerbs- und Vermögenseinkommen und die Bilanz der laufenden Übertragungen.

In der Handelsbilanz werden die Ex- und Importe von Waren, in der Dienstleistungsbilanz die Ex- und Importe von Dienstleistungen verbucht. Die Bilanz der Erwerbs- und Vermögenseinkommen enthält Informationen über die geleisteten oder empfangenen Faktoreinkommen. Zu den Faktoreinkommen zählen Zinsen, Gewinne und Löhne. Schließlich werden in der Übertragungsbilanz alle laufenden Übertragungen dargestellt. Eine Übertragung liegt dann vor, wenn eine erbrachte Leistung keine Gegenleistung erfährt.

Der Saldo der Leistungsbilanz ergibt sich aus den Salden dieser Teilbilanzen. Ein negativer Saldo gibt darüber Auskunft, welcher Anteil der Nettoinvestitionen durch Kreditaufnahme im Ausland finanziert worden ist, ein positiver Saldo zeigt auf, welcher Anteil der Ersparnis dem Ausland als Kredit zur Verfügung gestellt wurde.

Der Kapitalbilanzsaldo zeigt die Veränderungen von Forderungen und Verbindlichkeiten des Inlands gegenüber dem Ausland an. Folgende Transaktionen werden in der Kapitalbilanz dargestellt:

– Die Gegenbuchung der in der Leistungsbilanz erfaßten Leistungstransaktionen

– Die mit dem Ausland abgewickelten Finanztransaktionen.

Die Kapitalbilanz im weiteren Sinn untergliedert sich in die Kapitalbilanz im engeren Sinn und in die Devisenbilanz. In der Devisenbilanz werden Veränderungen der Gold- und Devisenbestände und Veränderungen der Forderungen und Verbindlichkeiten der Deutschen Bundesbank gegenüber dem Ausland aufgeführt.

Der Saldo der Leistungsbilanz entspricht absolut dem Saldo der Kapitalbilanz im weiteren Sinn. Die Leistungsbilanz gibt Auskunft, durch welche Transaktionen sich das Nettoauslandsvermögen verändert, während die Kapitalbilanz Auskunft darüber gibt, in welcher Form das zusätzliche Auslandsvermögen gehalten wird.

Aufgrund der Neukonzeption der Zahlungsbilanz werden die Vermögensübertragungen nicht mehr in der Zahlungsbilanz erfaßt. Der Saldo der Leistungsbilanz ist daher mit der Differenz aus der Ersparnis und den Nettoinvestitionen identisch.

7. Nominales Wachstum, reales Wachstum und Inflation

7.1 Zusammenhang zwischen nominalem und realem BIP

Das Stabilitätsgesetz nennt neben den Zielen Vollbeschäftigung und außenwirtschaftliches Gleichgewicht die beiden Ziele Preisniveaustabilität sowie angemessenes und stetiges Wirtschaftswachstum. Zur Operationalisierung dieser Ziele werden geeignete Indikatoren benötigt. Ein möglicher Kandidat für einen Wachstumsindikator ist die Veränderung des Bruttoinlandsprodukts zu Marktpreisen.

Das *nominale Bruttoinlandsprodukt* BIP_t^N im Zeitpunkt t berechnet sich aus der Summe der mit den jeweiligen Preisen P bewerteten Endnachfrage nach jedem Gut X_i (i = 1,...,m) abzüglich der Summe der mit den Importpreisen bewerteten Importgüter M (i = m+1,...,n):[82]

(7.1) $$BIP_t^N = \sum_{i=1}^{n} P_{it} X_{it}$$

Die Veränderung des nominalen Bruttoinlandsprodukts liefert Informationen über das *nominale Wachstum*. Dieses eignet sich aber nur mit Einschränkungen als Wachstumsindikator, da bei konstanten Mengen allein schon höhere Preise der Endprodukte ein Wachstum signalisieren.[83] Ein geeigneter Wachstumsindikator darf lediglich die Mengenänderungen und nicht die Preisänderungen erfassen. Um die wirtschaftliche Entwicklung einer Volkswirtschaft beschreiben zu können, ist die Preiskomponente von der Mengenkomponente zu isolieren. Aus diesem Grunde wird zwischen dem nominalen und dem realen Bruttoinlandsprodukt zu Marktpreisen differenziert. Das *nominale Bruttoinlandsprodukt* zu Marktpreisen eines Berichtsjahres wird zu den Preisen des jeweiligen Berichtsjahres erstellt, während das *reale Bruttoinlandsprodukt* zu Marktpreisen (BIP^M) eines Berichtsjahres zu den Preisen eines Basisjahres berechnet wird. Das reale Bruttoinlandsprodukt zu Marktpreisen entsteht durch die Preisbereinigung des nominalen Bruttoinlandsprodukts zu Marktpreisen, d.h. die Preiskomponente ist im realen Bruttoinlandsprodukt nicht mehr enthalten.

Zur Ausschaltung der Preiseffekte werden die Preise aller Güter für ein festzulegendes Basisjahr B ermittelt. Durch Multiplikation der Mengen des Berichtsjahres t mit den Preisen des Basisjahres B für alle n Güter ergibt sich das *Bruttoinlandsprodukt der Berichtsperiode in Preisen des Basisjahres bzw. zu konstanten Preisen*:

(7.2) $$BIP_t^R = \sum_{i=1}^{n} P_{iB} X_{it}$$

---

82 Da im folgenden stets das Bruttoinlandsprodukt zu Marktpreisen betrachtet wird, wird auf den Zusatz zu Marktpreisen verzichtet.

83 Steigen die Preise für importierte Vorleistungen und bleibt der nominelle Wert der Endnachfrage unberührt, so würde bei unelastischer Reaktion der Importnachfrage sogar das nominelle Bruttoinlandsprodukt fallen.

Veränderungen des Bruttoinlandsprodukts liefern Informationen über die Entwicklung des *realen Wachstums*.

Aus dem Verhältnis von nominalem und realem BIP läßt sich der *BIP-Deflator P* berechnen:

(7.3) $$P = \frac{BIP_t^N}{BIP_t^R} = \frac{\sum P_{it} X_{it}}{\sum P_{iB} X_{it}}$$

Aus Gleichung (7.3) geht hervor, daß die Mengen bei dieser Berechnung konstant gehalten werden. Der BIP-Deflator vergleicht also die Ausgaben für das Bruttoinlandsprodukt eines Jahres in zwei verschiedenen Jahren, dem Berichtsjahr t und dem Basisjahr B.

Durch Deflationierung des nominalen Bruttoinlandsprodukts errechnet sich das reale Bruttoinlandsprodukt:

(7.4) $$BIP_t^R = \frac{BIP_t^N}{P}$$

7.2 Messung des Preisniveaus

Die dauerhafte Verringerung des Geldwertes bezeichnet man als *Inflation*. Durch Bildung von Preisindizes können Rückschlüsse auf die Inflationsrate gezogen werden. Die Inflationsrate berechnet sich aus der relativen Veränderung des Preisindex eines Jahres gegenüber dem Preisindex des Vorjahres. Da es nicht praktikabel ist, alle in einer Volkswirtschaft produzierten Güter in die Bildung eines Preisindexes einzubeziehen, existiert eine Vielzahl von möglichen Preisindizes, die sich hinsichtlich der betrachteten Güterarten und Personengruppen unterscheiden. Von den vielen Möglichkeiten der Messung der Inflationsrate werden hier zwei Möglichkeiten, der BIP-Deflator und der Preisindex der Lebenshaltung, vorgestellt.

Die auf dem Bruttoinlandsprodukt basierende Berechnung der Inflationsrate bzw. der darauf basierende Preisindex ist, wie oben dargelegt, für die Berechnung des realen Bruttoinlandsprodukts von Bedeutung. Für die Entwicklung der Lebenshaltungskosten der inländischen Konsumenten erweist sich der BIP-Deflator, da er die Investitions- und Exportgüterpreise berücksichtigt aber die Importgüterpreise für Konsumgüter unberücksichtigt läßt, als wenig geeignet. Die Effekte der unterschiedlichen Erfassung des Außenhandels sollen am Beispiel eines Autohändlers demonstriert werden, der Autos für 10.000 DM pro Stück importiert und für 12.000 DM weiterverkauft. Ausgehend von dieser Situation steigen nun die Importpreise. Der Autohändler kann nur noch zu einem Preis von 12.000 DM Autos importieren und verkauft sie für 14.000 DM weiter. Das BIP bleibt hierdurch unverändert, da sowohl der Wert des privaten Konsums als auch der Wert der Importe um 2.000 DM zunehmen. Daher ändert sich der BIP-Deflator nicht. Die Lebenshaltungskosten sind jedoch gestiegen, da im Warenkorb des durchschnittlichen Haushalts importierte Autos enthalten sind.

Um Informationen darüber zu erhalten, wie sich das Preisniveau für ein typisches Gütersortiment der Konsumenten entwickelt hat, wird ein Warenkorb definiert, der die relative ökonomische Bedeutung der Konsumgüter eines durchschnittlichen Haushalts zum Ausdruck bringt. Aus der Entwicklung der Ausgaben für diesen Warenkorb läßt sich der *Preisindex der Lebenshaltung* ermitteln. Allerdings muß beachtet werden, daß die Präferenzen der Konsumenten z.B. durch das Alter, durch die Anzahl der Kinder oder durch das mit der Berufstätigkeit verbundene Einkommen beeinflußt werden. Aus diesen Gründen berechnet das Statistische Bundesamt verschiedene Preisindizes:

- Preisindex der Lebenshaltung aller privaten Haushalte
- Preisindex eines Vier-Personen-Arbeitnehmer- und Angestelltenhaushaltes mit mittlerem Einkommen
- Preisindex eines Vier-Personen-Angestellten- und Beamtenhaushaltes mit höherem Einkommen
- Preisindex eines Zwei-Personen-Rentner- und Sozialhilfeempfängerhaushaltes mit geringem Einkommen
- Preisindex für die einfache Lebenshaltung eines Kindes

Der bekannteste und am häufigsten verwendete Preisindex ist der Preisindex der Lebenshaltung aller privaten Haushalte.

Neben der oben erläuterten Problematik, welcher Haushalt bei der Festlegung des Warenkorbes betrachtet werden sollte, stellt sich die Frage, ob der Warenkorb aus dem Berichtsjahr oder aus dem Basisjahr zu Grunde gelegt werden soll. Diesbezüglich unterscheiden sich die Berechnungen der Preisindizes von Laspeyres und Paasche.

Bei der Berechnung des *Laspeyres-Preisindexes* wird folgendermaßen vorgegangen: Zunächst wird als Warenkorb das Güterbündel der Basisperiode t_0 ausgewählt und die Ausgaben in der Basisperiode bestimmt. Daraufhin wird berechnet, welche Ausgaben sich ergeben hätten, wenn man das Güterbündel der Basisperiode in der Berichtsperiode t_1 gekauft hätte. Zu diesem Zweck ist das Güterbündel der Basisperiode mit den Preisen der Berichtsperiode zu bewerten. Die so bestimmten hypothetischen Ausgaben in der Berichtsperiode werden durch die Ausgaben der Basisperiode dividiert:

(7.4) $$I^P_{La\,t0,t1} = \frac{\sum_{i=1}^{n} P_i^{t1} q_i^{t0}}{\sum_{i=1}^{n} P_i^{t0} q_i^{t0}} \cdot 100$$

Der Laspeyres-Preisindex gibt also an, wie sich die Ausgaben für das Güterbündel der Basisperiode entwickelt haben. Aus dem Laspeyres-Preisindex läßt sich durch Gegenüberstellung der verschiedenen Indizes die Inflationsrate ermitteln.

Im Unterschied zum Laspeyres-Preisindex wird beim *Paasche-Preisindex* das Güterbündel der Berichtsperiode zu Grunde gelegt und die Ausgaben der Berichtsperiode bestimmt. Des weiteren wird berechnet, welche Ausgaben sich ergeben hätten, wenn man das Güterbündel der Berichtsperiode in der Basisperiode gekauft hätte. Zu diesem Zweck werden die Mengen der Berichtsperiode mit den entsprechenden Preisen der Basisperiode multipliziert. Die Division der Ausgaben der Berichtsperiode mit den hypothetischen Ausgaben der Basisperiode liefert den Paasche-Preisindex:

(7.5) $$I^P_{Pa\,t0,t1} = \frac{\sum_{i=1}^{n} P_i^{t1} q_i^{t1}}{\sum_{i=1}^{n} P_i^{t0} q_i^{t1}} \cdot 100$$

$$(7.5) \qquad I^P_{Pa\,t0,t1} = \frac{\sum_{i=1}^{n} P_i^{t1} q_i^{t1}}{\sum_{i=1}^{n} P_i^{t0} q_i^{t1}} \cdot 100$$

Der Paasche-Preisindex gibt daher an, wie sich die Ausgaben des Güterbündels der Berichtsperiode entwickelt hat.

Der Laspeyres-Preisindex weist im Vergleich zum Paasche-Preisindex eine Tendenz zur Überschätzung der Entwicklung der Lebenshaltungskosten auf. Er berücksichtigt nicht, daß Konsumenten bei einer Preissteigerung relativ teurere Güter durch relative billigere Güter substituieren. Dadurch können sie einen Teil des Wohlfahrtsverluste durch die Preissteigerung kompensieren.

Der Paasche-Preisindex bezieht zwar diesen Substitutionseffekt ein. Er vernachlässigt allerdings, daß die Substitution mit Wohlfahrtsverlusten verbunden ist. Dadurch neigt er zur Unterschätzung der Entwicklung der Lebenshaltungskosten.

Bei der Schätzung des Preisindexes ist es wünschenswert, möglichst aktuelle Gewichte der Güter im Warenkorb zu haben. Dies spricht für die Anwendung des Paasche-Preisindexes. Allerdings werden bei der Aufstellung von Indexreihen beim Paasche-Preisindex ständig wechselnde Gewichte verwendet. Der $I_{Pa\,73,74}$ benutzt beispielsweise die Gewichte des Jahres 1974, der $I^P_{Pa\,74,75}$ die Gewichte aus 1975. Werden mehr als zwei Perioden betrachtet, so erhält man beim Paasche-Preisindex keinen reinen Preisindex mehr, da auch Mengenänderungen erfaßt werden. Daher sind beim Paasche-Preisindex immer nur die Indexwerte des jeweiligen Berichtsjahres mit dem Basisjahr aber nicht die Indexwerte verschiedener Berichtsjahre vergleichbar. Hinzu tritt das Problem, daß für jedes Berichtsjahr der Warenkorb separat zu definieren ist.

Aus diesem Grunde wird bei der Ermittlung der Preisindizes der Lebenshaltungskosten in der Regel mit dem Laspeyres-Preisindex gearbeitet. Um Veränderungen von Verbrauchergewohnheiten erfassen zu können, wird der Warenkorb von Zeit zu Zeit angepaßt. In der Praxis wird demnach zur Ermittlung des Preisindexes der Lebenshaltung ein *verpaaschter Laspeyres-Preisindex* gewählt, d.h. es wird prinzipiell der Laspeyres-Preisindex angewendet, dessen Gewichte allerdings von Zeit zu Zeit variiert werden.

Unabhängig von der Wahl des Basisjahres besteht das Problem der Erfassung von Qualitätsänderungen. Bei der Bildung des Warenkorbes kann die Qualität der Produkte nicht hinreichend berücksichtigt werden. Des weiteren ist die Erfassung neuer Produkte im Preisindex mit Schwierigkeiten behaftet.[84]

---

[84] Vgl. hierzu ausführlich v. d. Lippe (1990)

8. Das Sozialprodukt als gesamtwirtschaftliche Meßgröße

8.1 Das Sozialprodukt als Konjunkturindikator

Unter *Konjunktur* versteht man die in gewissen Regelmäßigkeiten stattfindenden abwechselnden Auf- und Abwärtsbewegungen der gesamtwirtschaftlichen Aktivitäten einer Volkswirtschaft. Da diese Auf- und Abwärtsbewegungen mit einer gewissen Regelmäßigkeit auftreten, spricht man von einem *Konjunkturzyklus*. Als Indikator der Konjunkturschwankungen wird häufig das reale Bruttoinlandsprodukt zu Marktpreisen verwendet.[85] Schwankungen des realen BIP werden dann als Konjunkturschwankungen interpretiert.

Das reale BIP folgt einem langfristig steigenden Trend, um den es mittelfristig im Konjunkturverlauf schwankt. Da das BIP in der Regel absolut ansteigt, ist es sinnvoll, die Einteilung der Konjunkturzyklen mittels der Veränderung der Wachstumsraten des BIP vorzunehmen. Konjunkturzyklen beruhen daher auf einer Beschleunigung bzw. einer Verlangsamung des Wachstums des realen BIP.[86]

Zur Beschreibung der Phasen eines Konjunkturzyklus existieren alternative Konzepte.[87] Zum einen wird als Abschwung (Rezession, Baisse), die Zeitspanne zwischen der maximalen und der minimalen Wachstumsrate des realen BIP angesehen. Der Boom bzw. der Aufschwung findet dementsprechend zwischen der minimalen und der maximalen Wachstumsrate des realen BIP statt. Zum anderen wird als Referenzmaßstab der durchschnittliche Trend des Wachstums des realen BIP verwendet. Solange das Wachstum unterhalb des langfristigen durchschnittlichen Wachstums liegt, befindet sich die Volkswirtschaft in einer Rezession. Sobald das reale BIP stärker wächst als im langfristigen Durchschnitt, ist die Volkswirtschaft im Aufschwung. Die beiden Konzepte differieren in ihrer Klassifikation der Konjunkturzyklen um genau ¼ Periode.

Problematisch an diesen Konzepten ist, daß z.B. ein Wachstum des realen Bruttoinlandsprodukts von 5% bei einer Auslastung der Kapazitäten von 50% oder 99% realisiert werden kann. Alternativ werden Konjunkturzyklen daher auch als Schwankungen im Auslastungsgrad des Produktionspotentials interpretiert. [88] Der *Auslastungsgrad* berechnet sich aus dem Verhältnis vom realisierten zum potentiellen Bruttoinlandsprodukt (Produktionspotential). Das *Produktionspotential* ist die maximale Produktion, die in einer Volkswirtschaft möglich ist, wobei das Niveau des Produktionspotentials vom Kapitalstock, vom Arbeitskräftepotential und vom technischen Wissen abhängig ist. Der Durchschnitt aller Auslastungsgrade der vergangenen Perioden wird als *Normalauslastung* bezeichnet. Für die Bundesrepublik Deutschland liegt die so berechnete Normalauslastung zur Zeit bei 96,75%.[89] Aus dem Vergleich von tatsächlicher Auslastung zur Normalauslastung

---

[85] Da im folgenden stets das Bruttoinlandsprodukt zu Marktpreisen betrachtet wird, wird auf den Zusatz zu Marktpreisen verzichtet.

[86] Vgl. Heubes (1991), S. 2.

[87] Vgl. Heubes (1991), S. 2 f.; Assenmacher (1995), S.6 ff.

[88] Vgl. Pätzold (1998), S. 84.

[89] Vgl. Sachverständigenrat (1996), S. 83.

können die verschiedenen Konjunkturphasen identifiziert werden. Ist die tatsächliche Auslastung größer als die Normalauslastung, so befindet sich die Volkswirtschaft in einer Boom-Phase; ist die tatsächliche Auslastung kleiner als die Normalauslastung, dann befindet sich die Volkswirtschaft in einer Rezession. Aus einer Zunahme des Auslastungsgrades kann auf eine Aufschwungphase, aus einer Reduktion des Auslastungsgrades kann auf eine Rezession geschlossen werden.

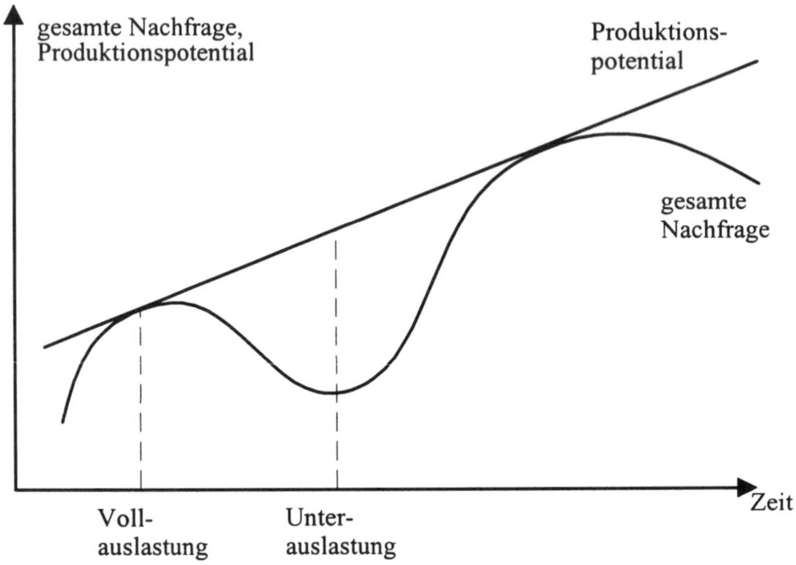

Abb. 8.1: Produktionspotential und gesamtwirtschaftliche Nachfrage

Sämtliche Komponenten der gesamtwirtschaftlichen Nachfrage bestimmen den Auslastungsgrad des Produktionspotentials. Die Konsumgüternachfrage der privaten Haushalte ist im Zeitverlauf relativ stabil und dämpft tendenziell die Konjunkturzyklen, da sie sich am langfristigen Durchschnittseinkommen orientiert. Der Staatsverbrauch entwickelt sich relativ stetig, die Investitionsgüternachfrage dagegen eher prozyklisch, d.h. sie folgt dem Konjunkturverlauf.[90] Die ausländische Nachfrage, die über den Außenbeitrag das BIP beeinflußt, hängt im wesentlichen von der ausländischen Wirtschaftslage ab.

Interpretiert man Konjunktur als Schwankungen im Auslastungsgrad des Produktionspotentials, so entstehen Inkongruenzen mit dem Konzept der Wachstumsrate des realen BIP. Nach diesem Konzept befindet sich die Volkswirtschaft, wie oben erläutert, im Aufschwung, sobald die Wachstumsrate des realen BIP zunimmt. Eine Zunahme des realen BIP ist aber durchaus mit einer Abnahme des Auslastungsgrades vereinbart. Dies ist dann der Fall, wenn das Produktionspotential stärker als das tatsächliche BIP steigt. Analog dazu ist es möglich, daß der Auslastungsgrad noch ansteigt, wenn die Wachstumsrate des realen BIP bereits rückläufig ist.

Als Einschränkung der Verwendung des BIP als Konjunkturindikator ist folgendes anzumerken: Das reale BIP ist eine hoch aggregierte Größe, welche die wirtschaftliche Aktivität sämtlicher Individuen der Volkswirtschaft zusammenfaßt. Daher kann es keine Auskunft über die Entwicklung einzelner Wirtschaftszweige geben. Vor allem bei einer sektoral gespaltenen Konjunkturentwicklung macht das hohe Aggregationsniveau des BIP seine Verwendung als Konjunkturindikator problematisch. Wenn die einzelnen Wirtschaftszweige sich stark unterschiedlich ent-

90 Man kann auch umgekehrt argumentieren, daß Schwankungen der Investitionstätigkeiten zu Schwankungen des BIP führen.

wickeln, können die konjunkturellen Phasen der Zweige versetzt sein. In diesem Falle macht das BIP nur eine Durchschnittsaussage, die sich allenfalls begrenzt auf einzelne Wirtschaftsbereiche übertragen läßt.[91]

Anhand des Produktionspotentials und des nachgefragten BIP können die in wirtschaftspolitischen Diskussionen häufig verwendeten Begriffe Wachstums- (Angebots-) und Konjunktur- (Nachfragepolitik) erläutert werden. Ziel der *Wachstumspolitik* bzw. der *Angebotspolitik* ist eine Verbesserung der Produktionsmöglichkeiten. Demgegenüber wird mittels der *Konjunkturpolitik* bzw. *Nachfragepolitik* versucht, die konjunkturellen Ausschläge zu glätten bzw. den realisierten Auslastungsgrad auf hohem Niveau zu stabilisieren. Allerdings lassen sich wirtschaftspolitische Maßnahmen nicht immer eindeutig der Wachstums- oder der Konjunkturpolitik zuordnen. Eine politische Maßnahme, welche die Investitionstätigkeit der Unternehmen anregt, führt zunächst zu einer Erhöhung der Nachfrage. Da die Investitionen aber auch zu einer Erhöhung des Kapitalstocks führen, wird sich langfristig das Produktionspotential erhöhen. Kurzfristig ist eine Erhöhung der Investitionsnachfrage nachfragewirksam, langfristig wird die Erhöhung der Investitionsnachfrage jedoch angebotswirksam.

Der Auslastungsgrad ist für die Identifikation von Arbeitslosigkeit und der damit verbundenen Politik zur Bekämpfung der Arbeitslosigkeit von zentraler Bedeutung. Eine mit einem niedrigen Auslastungsgrad einhergehende hohe Arbeitslosigkeit deutet auf konjunkturelle Ursachen der Arbeitslosigkeit hin. In diesem Fall können nachfragestimulierende Maßnahmen zu einem Abbau der Arbeitslosigkeit beitragen. Existiert dagegen bei hohem Auslastungsgrad Arbeitslosigkeit, so sind andere als konjunkturelle Ursachen für die Arbeitslosigkeit verantwortlich. Hierzu zählen saisonale, friktionelle und strukturelle Faktoren. Nicht konjunkturelle Ursachen werden häufig als *natürliche Arbeitslosigkeit* bezeichnet. Zur Bekämpfung der natürlichen Arbeitslosigkeit sind nachfragestimulierende Maßnahmen wenig geeignet. Maßnahmen, welche die Angebotsmöglichkeiten der Volkswirtschaft verbessern, erscheinen hier effektiver. Für die Entwicklung der Arbeitslosigkeit in der Bundesrepublik Deutschland ist zu beobachten, daß im Zeitverlauf die Arbeitslosigkeit in den Boom-Phasen gestiegen ist. Dies deutet darauf hin, daß immer stärker nicht-konjunkturelle Ursachen für die Existenz der Arbeitslosigkeit verantwortlich sind.

8.2 Zusammenhang zwischen Bruttoinlandsprodukt und Erwerbstätigkeit

Im vorausgegangen Abschnitt wurde angedeutet, daß die Entwicklung der Erwerbstätigkeit vom Konjunkturzyklus beeinflußt wird, wobei zur Identifizierung der Konjunkturphasen auf die Veränderung des realen BIP oder des Auslastungsgrades zurückgegriffen wird. In diesem Abschnitt wird anhand des empirischen Befundes der Zusammenhang zwischen Arbeitslosigkeit und Wachstumsrate des realen BIP untersucht. Für die Bundesrepublik Deutschland resultiert folgender Zusammenhang:

[91] Vgl. Pätzold (1998) S. 85.

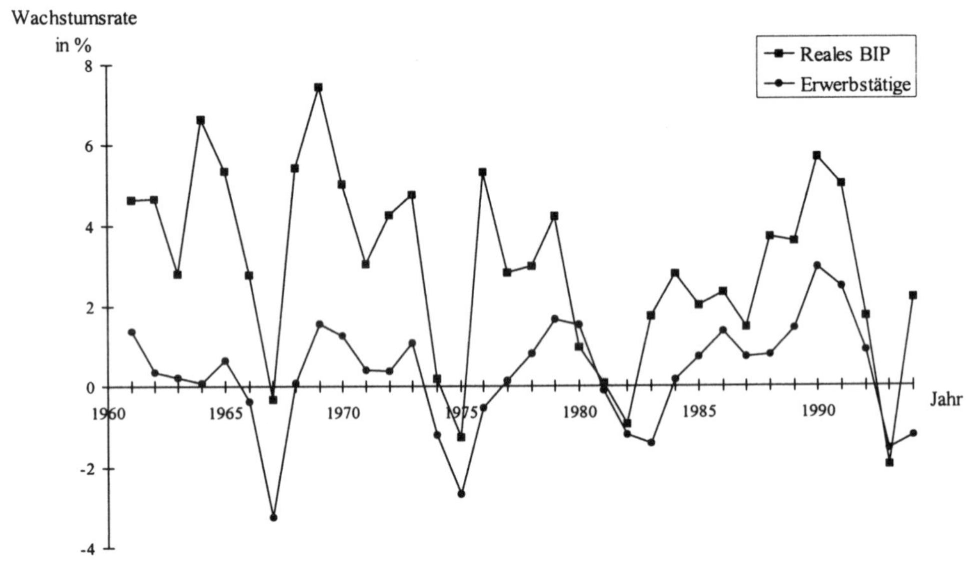

Abb. 8.2: Zusammenhang zwischen der Wachstumsrate des realen BIP und den Erwerbstätigen[92]

Aus dem Vergleich der beiden Zeitreihen können folgende Ergebnisse festgehalten werden: Die Veränderungen von Beschäftigung und Wachstumsrate des BIP korrelieren positiv, d.h. mit steigender Wachstumsrate des Inlandsprodukts nimmt auch die Wachstumsrate der Beschäftigung tendenziell zu.

Die Zeitreihe des realen BIP erreicht vor der Zeitreihe der Erwerbstätigen ihr Maximum bzw. ihr Minimum. Der Vergleich der beiden Zeitreihen scheint darauf hinzudeuten, daß die Entwicklung des realen BIP der Entwicklung der Erwerbstätigen vorausläuft. Der Grund für die zeitliche Versetzung der Zeitreihen ist in einigen *Puffern* zu sehen, die den Zusammenhang zwischen Wachstumsrate des BIP und Wachstumsrate der Beschäftigung abschwächen. Bei einer Erhöhung der gesamtwirtschaftlichen Nachfrage, die durch einen Anstieg des BIP ausgedrückt wird, reagieren die Unternehmen zunächst mit einer Zunahme der Überstunden. Bei einer Senkung des BIP erfolgt umgekehrt zunächst ein Überstundenabbau, dann Teilzeitarbeit oder Kurzarbeit. Die Anzahl der Beschäftigten verändert sich erst, wenn die Möglichkeiten der Veränderung der Arbeitszeiten ausgeschöpft sind.

Kausal hierfür sind institutionelle und ökonomische Faktoren. Arbeitszeitverträge und Kündigungsschutzbestimmungen begrenzen die Möglichkeit, Arbeitnehmer bei einem Rückgang der Auftragslage sofort zu entlassen. Darüber hinaus verursacht das ständige hire and fire von Arbeitskräften Kosten in Form von Einstellungs- und Einarbeitungskosten. Die längerfristige Bindung von Arbeitskräften trägt zu einer verbesserten Identifikation der Arbeitnehmer mit der Unternehmung bei, woraus positive Produktivitätseffekte zu erwarten sind.

Schließlich bleibt festzuhalten, daß die Zeitreihe der Wachstumsrate des BIP immer oberhalb der Zeitreihe der Erwerbstätigen liegt. Ursächlich hierfür ist der technische Fortschritt. Der technische Fortschritt ermöglicht, daß bei unverändertem BIP weniger Produktionsfaktoren benötigt werden. Für eine konstante Beschäftigung ist somit eine Erhöhung des BIP erforderlich. Für Deutschland liegt dieser Schwellenwert bei einem realen Wachstum des Bruttoinlandsprodukts von

---

[92] Der Abbildung liegen die Daten des Sachverständigenrates (1996) S. 347 und 357 zu Grunde.

1,7%. Übersteigt das reale Wachstum diesen Schwellenwert um 1,5 Prozentpunkte, dann erhöht sich die Beschäftigung um 0,4 %.[93]

Es ist wichtig darauf hinzuweisen, daß die hier angeführten quantitativen Beziehungen für den Zeitraum 1970 bis 1989 für Westdeutschland festgestellt worden sind und somit für zukünftige Perioden keine Gültigkeit besitzen müssen.

---

[93] Vgl. hierzu Siebert (1993).

9. Probleme bei der Berechnung des Sozialprodukts

9.1 Überblick

Das Sozialprodukt wird häufig als gesamtwirtschaftliche Meßgröße für Wohlstand und Beschäftigung genutzt. Die Verwendung des Sozialprodukts als Wohlfahrtsindikator ist jedoch keinesfalls unproblematisch. Allein schon die Definition des Begriffs *Wohlstand* ist umstritten. Die meisten Definitionen orientieren sich am Konzept der *Lebensqualität*, das selbst wiederum vieldeutig ist. Der Grund liegt darin, daß in die Lebensqualität sowohl subjektive als auch objektive Kriterien eingehen. Einerseits kann gemessen an der subjektiven Wahrnehmung die Lebensqualität zunehmen, wenn statt Wohnhäusern Freizeitparks gebaut werden, andererseits kann die objektive Lebensqualität aus dem gleichen Grunde sinken, wenn es hierdurch zur Wohnungsknappheit kommt.

Selbst wenn man alle Kriterien bestimmen könnte, die der Lebensqualität zugrunde liegen, dann bliebe immer noch die Frage, welche Meßgröße man zur quantitativen Bezifferung des Wohlstands wählen soll. Hierzu wird häufig das *Bruttosozialprodukt* als operationalisierbare *Arbeitsform* der Meßgröße gewählt. Mit dem Sozialprodukt wird tatsächlich ein Teil der Lebensqualität in Form der Konsummöglichkeiten einer Volkswirtschaft eingefangen. Allerdings bleibt durch die Beschränkung auf monetäre Größen auch ein erheblicher Teil der Lebensqualität unberücksichtigt. Diesen Unterschied zwischen der Idealform „Wohlstand" und der Arbeitsform „Sozialprodukt" nennt man *logischen Fehler*. Hinzu treten *statistische Fehler* in Form von konzeptionellen Fehlern sowie Erfassungs- und Bewertungsfehlern in der statistischen Ausgestaltung der Sozialproduktrechnung. Im folgenden werden diese Fehler näher beschrieben.

9.2 Konzeptionelle Fehler

Ein *konzeptioneller Fehler* entsteht dadurch, daß die Bruttosozialproduktrechnung immer nur auf Sekundärstatistiken beruht. *Sekundärstatistiken* sind Statistiken, die primär zu anderen Zwecken als der Berechnung des Sozialprodukts erhoben und für die Erstellung der Sozialproduktstatistiken aufbereitet werden. Bei der Anpassung der Sekundärstatistiken können konzeptionelle Fehler durch den Anpassungsspielraum auftreten. Sobald unterschiedliche Sekundärstatistiken unterschiedliche Daten für denselben Sachverhalt aufweisen, bestehen Entscheidungsspielräume. Schließlich hängt die Qualität der Berechnung des Sozialprodukts entscheidend von der Qualität der Daten der Sekundärstatistiken ab. Häufig werden Transaktionen nur geschätzt oder es treten Meßfehler und Ungenauigkeiten auf.

9.3 Erfassungsfehler

Ein großer Bereich von Fehlerquellen basiert auf *Erfassungsfehlern*. Einige wohlfahrtsrelevante Vorgänge werden im BSP gar nicht erfaßt, andere nur unangemessen oder widersprüchlich.

Das Sozialprodukt ist als Indikator der gesamten Produktionstätigkeit einer Volkswirtschaft konzipiert. Allerdings werden nur Transaktionen erfaßt, die über den Markt erbracht werden. Ausnahmen bilden die selbsterstellten Anlagen, die produzierten und auf Lager genommenen Produkte sowie der Eigenverbrauch der öffentlichen Haushalte. Damit wird der ganze Bereich der Schattenwirtschaft ausgeklammert. Die *Schattenwirtschaft* umfaßt alle wirtschaftlichen Aktivitäten, die zur gesellschaftlichen Wertschöpfung beitragen und nicht in die Sozialproduktrechnung eingehen. Sie läßt sich untergliedern in die Selbstversorgungswirtschaft und in die Untergrundwirtschaft.

Zur *Selbstversorgungswirtschaft* zählen alle *Eigenleistungen (do it yourself)*, welche Haushalte selbst erbringen, anstatt sie vom Markt zu beziehen. Das betrifft sowohl den eigenen Gemüsegarten als auch die meisten Hausfrauen- und Hausmännertätigkeiten sowie die Nachbarschaftshilfe. Wie in Abschnitt 4.2.5 erläutert, werden diese Aktivitäten aufgrund der Probleme bezüglich der quantitativen Erfassung und monetären Bewertung nicht in der Volkswirtschaftlichen Gesamtrechnung erfaßt. Zur *Untergrundwirtschaft* zählen alle Aktivitäten, die entweder gesetzlich verboten sind oder aus steuerlichen Gründen nicht offiziell deklariert werden. Hierzu gehören z.B. die Schwarzarbeit, die Drogenproduktion und der Zigarrettenschmuggel.

In der Bundesrepublik Deutschland wird die Schwarzarbeit für das Jahr 1997 auf ca. 550 Mrd. DM beziffert. Dies entspricht ca. 15% des Bruttoinlandsprodukt. Im internationalen Vergleich nimmt die Bundesrepublik eine mittlere Position ein. So ist die Schwarzarbeit in Italien mit 25,8% des Bruttoinlandsprodukt deutlich höher und in der Schweiz mit 7,5% deutlich geringer. [94]

Bedingt durch die Selbstversorgungs- und Untergrundwirtschaft wird das tatsächliche ausgewiesene Sozialprodukt unterschätzt. Die Nichtberücksichtigung der Haushaltsproduktion läßt Verzerrungen des Sozialprodukts im Zeitablauf entstehen. Steigt zum Beispiel die Frauenerwerbsquote und wird Haushaltsarbeit einer Haushaltshilfe überlassen, so erhöht sich das ausgewiesene Sozialprodukt, ohne daß dadurch eine tatsächliche quantitative Erhöhung der Produktion stattgefunden haben muß. Hierdurch werden Daten im Zeitvergleich verzerrt. Auch im internationalen Ländervergleich ist die hauswirtschaftliche Produktion Ursache für Datenverzerrungen. Beispielsweise ist die Selbstversorgung in Entwicklungsländern deutlich höher als in den Industrieländern. Dies führt zu einer im Vergleich zu den Industrienationen niedrigeren marktwirtschaftlich bewerteten Produktion der Entwicklungsländer.

Zu beachten ist allerdings, daß mit Hilfe des Bruttoinlandsprodukts ein Eindruck von dem Wert der Güter, die über den Markt gehandelt werden und somit auch über das Arbeitsplatzangebot gewonnen werden soll. Eine Einbeziehung der Haushaltsproduktion würde das Arbeitsplatzangebot überzeichnen.

Nicht erfaßt werden ferner allgemeine qualitative Umweltbedingungen, wie z.B. die *Arbeitsbedingungen*. Sie haben Einfluß auf die Lebensqualität, sind jedoch schwer zu quantifizieren und noch schwerer international zu vergleichen. Auch eine Veränderung der *Produktqualität* wird im BSP nicht beachtet. Individuen haben außerdem neben dem Konsuminteresse ein Interesse an Freizeit. Es ist anzunehmen, daß die Lebensqualität steigt, wenn jeder Arbeitnehmer über mehr Freizeit verfügt. Mit sinkender Arbeitszeit sinkt jedoch das Sozialprodukt und deutet auf eine Wohlfahrtsverschlechterung hin.

---

[94] Vgl. Institut der Deutschen Wirtschaft (1997) Nr. 32 S. 4. Allerdings haften die Statistiken über die Schattenwirtschaft etwa Paradoxes an, denn man versucht etwas zu erfassen, was offiziell nicht erfaßbar ist. Ebenda S. 4.

Im Mittelpunkt der Kritik steht die Vernachlässigung von *externen Effekten*. Diese treten dann auf, wenn Verursacher und Betroffener einer Handlung nicht übereinstimmen und dies marktmäßig nicht abgegolten wird. Ein Beispiel hierfür sind die bei der Produktion des Sozialprodukts entstehenden Umweltschäden. Aufwendungen für die Beseitigung von Umweltschäden werden gleichrangig mit Kulturausgaben, öffentlichem Straßenbau oder ähnlichem betrachtet. Sie erhöhen wie alle anderen Ausgaben das Bruttosozialprodukt. Der Sache nach müßte die Umwelt jedoch nicht als freies Gut, sondern eigentlich als Kapitalgut und die Beseitigung von Umweltschäden als Reinvestition in das Kapitalgut angesehen werden. Aus diesem Grund wird immer wieder gefordert, daß das Sozialproduktkonzept erweitert wird und die Nutzung von freien Gütern in das Sozialprodukt einbezogen wird. Es scheiden sich allerdings die Meinungen, ob die Umweltschäden in einer separaten, auf die Sozialproduktrechnung abgestimmten Rechnung geführt werden sollen (Umweltbilanz), oder mit dem bisherigen Sozialprodukt zu einem allgemeinen Wohlfahrtsindikator zusammengefaßt werden sollen.

Ebensowenig wie externe Effekte werden die durch den *Abbau von natürlichen Ressourcen* induzierten geringeren Produktions- und Konsummöglichkeiten zukünftiger Generationen erfaßt.

Die gleiche Höhe des Sozialprodukts in zwei Ländern kann sich auf zwei völlig verschiedene Wohlfahrtsniveaus des Großteils der Bevölkerung beziehen. Da die *Einkommensverteilung* im BSP nicht berücksichtigt wird, sagt das BSP in Verbindung mit der Bevölkerungszahl lediglich etwas über die durchschnittliche Einkommenshöhe aus. Diese kann jedoch mit einer sehr starken Ungleichverteilung ebenso wie mit einer Gleichverteilung verbunden sein.

Ein weiterer umstrittener Punkt ist die Erfassung sämtlicher *Ausgaben der privaten Haushalte* als Käufe von Endprodukten. Definitionsgemäß können Haushalte kein Sachkapital bilden. Wird bei einem privaten Haus eine Fensterscheibe eingeworfen, so steigt das Sozialprodukt in Höhe der Reparaturkosten, obwohl durch die Reparatur nur der ursprüngliche Zustand wiederhergestellt wird. Analoges gilt, wenn in einem strengen Winter die Anzahl der Autounfälle steigt und dadurch bedingt die Anzahl der Autokäufe und Reparaturen zunimmt.

Auch die *Ausgaben der öffentlichen Haushalte* werden komplett als Endverbrauch bzw. Staatsverbrauch betrachtet. Dabei ist ein Teil davon, beispielsweise die Kosten für die Ausbesserung einer Zufahrtsstraße zu einem Gewerbegebiet, sachlich den Vorleistungen zuzurechnen, so daß Doppelzählungen entstehen. Die Unterscheidung zwischen Verbrauch und Vorleistungen ist jedoch in den meisten Fällen so gut wie unmöglich.

9.4 Bewertungsfehler

Neben den Erfassungsfehlern treten bei der Berechnung des Sozialprodukts folgende *Bewertungsfehler* auf:

Der Wert der *staatlichen Leistungen* wird nicht zu Marktpreisen, sondern zu Herstellungskosten angesetzt. Dadurch entsteht das Problem, inwieweit die zu Inputpreisen bewerteten staatlichen Leistungen dem Output entsprechen. Es ist beispielsweise fraglich, ob die allgemeine Bildung steigt, wenn die Bildungsausgaben erhöht werden.

Auch die Bewertung zu Marktpreisen ist mit Problemen verbunden. Sie geht davon aus, daß der Marktpreis ein Indikator der relativen Knappheit eines Gutes ist.

Durch Marktunvollkommenheiten wie *Monopolstellungen* oder staatliche Vorschriften wird das Kräfteverhältnis zwischen Angebot und Nachfrage jedoch verzerrt. Allerdings ist der Marktpreis der einzig operationalisierbare Preisbegriff, da für die Feststellung des eigentlich „richtigen", wohlfahrtsoptimalen Konkurrenzpreises keine ausreichenden Informationen vorliegen.

Für einige Vorgänge werden Transaktionen unterstellt, die nicht über den Markt vorgenommen werden. Hierzu zählt z.B. die Nutzung von Eigentumswohnungen und Eigenheimen. Bei der Bewertung dieser Transaktionen bestehen ebenso Ermessensspielräume.

Des weiteren treten Bewertungsprobleme bei der Berechnung von Abschreibungen und Vorratsvermögen auf. Für Abschreibungen, die den Wertverschleiß kompensieren sollen, müssen Nutzungsdauer und Wiederbeschaffungspreise geschätzt werden, für Vorratsvermögen hingegen zukünftige Verkaufspreise.

9.5 Abschließende Bemerkungen

Die vorausgegangenen Kritikpunkte sollen nicht den Eindruck erwecken, daß die Ergebnisse der Sozialproduktberechnung vollkommen unbrauchbar sind. Der Anspruch, mit einer Zahl Auskünfte über das Wachstum, die Konjunktur und den Wohlstand einer Volkswirtschaft geben zu können, stellt eine schlichte Überforderung eines jeden Konzeptes dar. Werden die Ergebnisse der Volkswirtschaftlichen Gesamtrechnung mit der erforderlichen Sorgfalt interpretiert und ergänzende Information z.B. über die Einkommensverteilung in die Betrachtung einbezogen, dann liefert die Volkswirtschaftliche Gesamtrechnung sehr wohl einen ersten Einblick in die Strukturen der betrachteten Volkswirtschaften.

Das Sozialprodukt selbst ist nicht unmittelbar als Wohlstandsindikator konzipiert. Es mißt nur die erbrachte wirtschaftliche Leistung in einer Periode. Dafür muß es alle einkommensrelevanten Vorgänge enthalten, unter anderem also auch die Vorgänge, die auf einer Beseitigung von Umweltschäden beruhen.

Trotz aller Kritik gilt das Sozialprodukt nach wie vor als einer der wichtigsten Wohlstandsindikatoren.

Übungsaufgaben

1. Einführung

Aufgabe 1.1

Was versteht man unter den Begriffen „Kreislaufanalyse“ und „Volkswirtschaftliche Gesamtrechnung"?

Aufgabe 1.2

Erläutern Sie den Unterschied zwischen einer ex-post und einer ex-ante Analyse!

Aufgabe 1.3

Erläutern Sie die Aufgaben der Volkswirtschaftlichen Gesamtrechnung!

2. Grundzüge der Vermögensrechnung

Aufgabe 2.1

Worin besteht der Unterschied zwischen einer Bestands- und einer Stromgröße?

Aufgabe 2.2

Bei welchen der folgenden Größen handelt es sich um Stromgrößen, bei welchen um Bestandsgrößen?

Abschreibungen, Deckel in der Kneipe, Investitionen, Löhne, Sachvermögen.

Aufgabe 2.3

Für ein Wirtschaftssubjekt liegen folgende Informationen vor:

a) Wert eines Hauses	250.000
b) Pkw	20.000
c) Wertpapiere	2.000
d) Bargeld	1.000
e) Deckel in der Gaststätte „Zum durstigen Vampir“	500

Berechnen Sie das Niveau des Sachvermögens, die Nettoposition und das Reinvermögen!

Aufgabe 2.4

Für ein Unternehmen liegen folgende Informationen vor:

a) Kauf von Maschinen	10.000
b) selbsterstellte Anlagen	1.000

c) Abschreibungen	800
d) Zugänge an Werkstoffen	500
e) Abgänge von Werkstoffen	1.000

Berechnen Sie die Vorratsinvestitionen, die Bruttoanlageninvestitionen, die Bruttoinvestitionen und die Nettoinvestitionen!

Aufgabe 2.5

a) Was versteht man im ökonomischen Sinn unter dem Begriff „Transaktion"?

b) Wodurch unterscheidet sich eine „Leistungs-„ von einer „Finanztransaktion"?

Aufgabe 2.6

Welche Art von Transaktion liegt in den folgenden Fällen vor?

a) Herr Moritz kauft zwei Karten für das Konzert der Toten Hosen in Düsseldorf.

b) Herr Moritz verschenkt eine Karte an Frau Ohnsorge.

c) Frau Ohnsorge mag die Hosen nicht und vernichtet die Karte.

d) Nina Hagen erhält für ihren Auftritt in der Gong-Show 20,- DM.

e) Herr Feess schenkt der Stiftung „Bedürftige Volkswirte" 100,- DM.

f) Herr Tibitanzl tauscht einen Dollar gegen DM ein.

Aufgabe 2.7

Erläutern Sie den Unterschied zwischen intra- und intersektoralen Transaktionen!

Aufgabe 2.8

Erläutern Sie den Unterschied zwischen Einkommens- und Vermögensübertragungen!

3. Kreislaufanalyse

Aufgabe 3.1

Aus welchen unterschiedlichen Sektoren besteht eine Volkswirtschaft? Zu welchem Sektor gehören die Deutsche Bundesbank, die Wasserwerke, die Polizei und die Rechtsanwälte?

Aufgabe 3.2

Welche grundsätzlichen Konzepte bestehen zur Berechnung des Wertes der Produktion in einer Volkswirtschaft?

Aufgabe 3.3

Erläutern Sie Gründe, warum der Staat in das Marktgeschehen eingreift!

Aufgabe 3.4

Für eine geschlossene Volkswirtschaft ohne staatliche Aktivitäten sind folgende Vorgänge bekannt:

a) Unternehmen verkaufen Konsumgüter an Haushalte 100

b) Unternehmen zahlen Einkommen an Haushalte 150

c) Unternehmen investieren 40

Stellen Sie die Transaktionen in einem Kreislaufdiagramm dar und ergänzen Sie die fehlenden Ströme. Berechnen Sie den Wert der Produktion, die Ersparnis der Unternehmen und der Haushalte!

Aufgabe 3.5

In einer Volkswirtschaft werden Güter im Wert von 140 Einheiten produziert. Die Unternehmen erwarten Konsumgüterkäufe von 110 Einheiten und möchten 30 Einheiten investieren. Die Haushalte planen einen Konsum von 100 Einheiten und eine Ersparnis von 40 Einheiten. Warum liegt kein ex-ante Gleichgewicht vor? Erläutern Sie, warum nach Ablauf einer Periode die ex-post Identität von Investitionen und Ersparnis erfüllt ist!

Aufgabe 3.6

Weisen Sie anhand des Vermögensänderungspols nach, daß die Ersparnis einer Volkswirtschaft der Summe aus Nettoinvestitionen und dem Saldo der Leistungsbilanz entspricht!

Aufgabe 3.7

Welche Auswirkungen kann eine Ausdehnung des staatlichen Defizits haben?

Aufgabe 3.8

In einer offenen Volkswirtschaft nehmen die gesamtwirtschaftlichen Größen in einer Periode folgende Werte an:

a) Private Haushalte beziehen von inländischen Unternehmen Faktoreinkommen 295

b) Konsumgüterkäufe der privaten Haushalte 250

c) Investitionen der Unternehmen 80

d) Käufe des öffentlichen Haushalts von den Unternehmen 65

e) Subventionen des öffentlichen Haushalts an Unternehmen 40

f) Transfers des öffentlichen Haushalts an private Haushalte 10

g) Steuern (bei privaten Haushalten erhoben) 75

h) Steuern (bei Unternehmen erhoben) 85

i) Öffentlicher Haushalt zahlt Löhne 25

j) Exporte der Unternehmen 70

k) Importe der Unternehmen 130

l) Übertragungen vom Ausland an private Haushalte 5

m) Investitionen des öffentlichen Haushalts 0

Stellen Sie die Transaktionen in einem Wirtschaftskreislauf dar!

a) Wie hoch ist die Ersparnis der privaten Haushalte?

b) Wie hoch ist der Leistungsbilanzsaldo?

c) Wie hoch ist der Staatsverbrauch?

d) Wie hoch ist der Wert der Produktion in der Volkswirtschaft?

4. Die Erfassung ökonomischer Aktivitäten im Kontensystem

Aufgabe 4.1

Bei welchen der folgenden Transaktionen handelt es sich um Dienstleistungen, Faktorleistungen oder Vorleistungen?

a) Die Firma X führt bei der Firma Y Reinigungsarbeiten durch.

b) Eine Maschine läuft in der Fertigung 200 Stunden.

c) Die Firma Y kauft eine Maschine.

d) Die Firma Y verbraucht in der Produktion 1000 l Öl.

e) Der in der Firma Y beschäftigte Arbeiter Kasalla Karl arbeitet 400 Stunden am Fließband.

Aufgabe 4.2

Folgende Angaben liegen für eine Unternehmung vor:

a) Verkäufe an private Haushalte	300
b) Verkäufe von nicht dauerhaften Gütern an öffentliche Haushalte	100
c) Selbsterstellte Anlagen	5
d) Käufe ausländischer Wertpapiere	20
e) Gewinne aus ausländischen Wertpapieranlagen	15
f) Löhne und Gehälter	100
g) Käufe von nicht dauerhaften Gütern aus dem Ausland, die im Produktionsprozeß eingesetzt werden	50
h) Indirekte Steuern	15
i) Abschreibungen	10
j) Verkauf von Investitionsgütern an öffentliche Haushalte	180

Berechnen Sie den Gewinn aus der Produktion, die Bruttowertschöpfung, den Produktionswert und die Nettowertschöpfung!

Aufgabe 4.3

Welche Unterschiede bestehen zwischen dem Produktionskonto einer Unternehmung und dem Produktionskonto eines öffentlichen Haushaltes?

Aufgabe 4.4

Welche Ströme verschwinden bei der Aggregation der Produktionskonten zu einem nationalen Produktionskonto?

Aufgabe 4.5

Für einen öffentlichen Haushalt liegen folgende Informationen vor:

a) direkte Steuern	10.000

b) indirekte Steuern 20.000
c) Einnahmen aus Beteiligungen bei inländischen Unternehmen 5.000
d) Transfers an Haushalte 15.000
e) Subventionen an Unternehmen 25.000
f) Eigenverbrauch 40.000
g) Kauf von Investitionsgütern 15.000

Es fallen keine Abschreibungen an. Wie groß ist die Ersparnis und der Finanzierungssaldo?

Aufgabe 4.6

Impliziert eine negative Ersparnis des öffentlichen Haushalts auch eine Neuverschuldung des Staates?

Aufgabe 4.7

Welche Salden werden auf den einzelnen Konten ermittelt?

Aufgabe 4.8

Folgende Vorgänge liegen in einer Volkswirtschaft vor:

a) Unternehmen verkaufen
   - Vorleistungen an öffentliche Haushalte 100
   - Konsumgüter an private Haushalte 200
   - Güter an das Ausland 300
b) Unternehmung zahlt Löhne an
   - Inländer 50
   - Ausländer 5
c) Herstellung von selbstgenutzten Anlagen bei Unternehmen 50
d) Öffentlicher Haushalt zahlt Löhne an Inländer 400
e) Unternehmen kaufen Vorleistungen aus dem Ausland 100
f) Unternehmen kaufen Wertpapiere 250
g) Unternehmen kaufen Investitionsgüter aus dem Ausland 10
h) Haushalte erzielen Erwerbseinkommen im Ausland 12
i) Unternehmen zahlen indirekte Steuern 25
j) Öffentlicher Haushalt erhebt direkte Steuern
   - bei Unternehmen 30
   - bei privaten Haushalten 25
k) Öffentlicher Haushalt leistet Entwicklungshilfe 50
l) Abschreibungen
   - öffentliche Haushalte 40
   - Unternehmen 60

Berechnen Sie die Nettowertschöpfung im Unternehmenssektor, den Gewinn der Unternehmung aus Produktionstätigkeit, den Eigenverbrauch des öffentlichen Haushalts, die Ersparnis der privaten Haushalte, den Finanzierungssaldo der öffentlichen Haushalte und der Unternehmen, das Bruttosozialprodukt zu Marktpreisen, das Volkseinkommen, die volkswirtschaftliche Ersparnis, die Nettoinvestitionen der Volkswirtschaft und den Leistungsbilanzsaldo!

Aufgabe 4.9

„Die Zahlung von Sozialhilfe beeinflußt das Sozialprodukt nicht!" Ist diese Aussage korrekt?

5. Entstehung, Verwendung und Verteilung des Sozialprodukts

Aufgabe 5.1

Wie kann man mit Hilfe der Güterentstehungsrechnung das BSP und das Volkseinkommen berechnen? Welche Informationen liefert die Entstehungsrechnung?

Aufgabe 5.2

Wodurch unterscheiden sich „Staatsausgaben-„ und „Staatsverbrauchsquote"? Welche ist in der Regel größer?

Aufgabe 5.3

Erläutern Sie die Begriffe primäre und sekundäre sowie funktionale und personelle Einkommensverteilung!

Aufgabe 5.4

Was verstehen Sie unter der Lohnquote? Wie hoch ist die Gewinnquote, wenn das Einkommen aus unselbständiger Arbeit 1200 Mrd. DM und das Volkseinkommen 1800 Mrd. DM betragen? Wie verändert sich die Lohnquote, wenn ein bislang selbständiger Unternehmer eine abhängige Beschäftigung aufnimmt?

Aufgabe 5.5

Welche Informationen können aus der Lorenzkurve und aus dem Gini Koeffizienten gewonnen werden?

6. Außenwirtschaftliche Berechnungen

Aufgabe 6.1

Erläutern Sie die unterschiedlichen Bestandteile der Zahlungsbilanz! Welche Transaktionen werden in den verschiedenen Teilbilanzen der Zahlungsbilanz erfaßt?

Aufgabe 6.2

Welcher Zusammenhang besteht zwischen dem Leistungsbilanzsaldo und der Veränderung des Nettoauslandsvermögens einer Volkswirtschaft?

Aufgabe 6.3

Welcher Zusammenhang besteht zwischen Kapitalexport bzw. -import und dem Saldo der Kapitalbilanz?

Aufgabe 6.4

Worüber gibt die Leistungsbilanz und worüber gibt die Kapitalbilanz (im weiteren Sinne) Auskunft?

Aufgabe 6.5

Erläutern Sie die wesentlichen Veränderungen durch die Neukonzeption der Zahlungsbilanz!

Aufgabe 6.6

Welche Auswirkung auf die nationale Geldversorgung hat ein Angebotsüberhang am Devisenmarkt bei der Existenz fester Wechselkurse?

Aufgabe 6.7

Folgende Vorgänge sind bekannt:

a) Inländer erzielen Zinseinkommen in den USA.	400
b) Rolling Stones gastieren in Erfurt.	200
c) Staat zahlt Entwicklungshilfe.	300
d) Inländer exportieren Autos.	700
e) Tourist kauft Flasche Grappa im Urlaub in Italien.	10
f) Polnischer Arbeiter mit ständigem Wohnsitz in Warschau arbeitet auf einer Baustelle in Wiesbaden.	40
g) Inland importiert Lebensmittel.	20
h) Bundesbank kauft Devisen von deutscher Geschäftsbank.	70

Berechnen Sie den Dienstleistungsbilanzsaldo, den Saldo der Erwerbs- und Vermögenseinkommen, den Leistungsbilanzsaldo, den Devisenbilanzsaldo und den Zahlungsbilanzsaldo!

7. Nominales Wachstum, reales Wachstum und Inflation

Aufgabe 7.1

Warum ist das nominale Bruttoinlandsprodukt zu Marktpreisen kein geeigneter Konjunkturindikator?

Aufgabe 7.2

Wodurch unterscheidet sich der Laspeyres-Preisindex von dem Paasche-Preisindex?

8. Das Sozialprodukt als gesamtwirtschaftliche Meßgröße

Aufgabe 8.1

Wie kann man mit Hilfe des Bruttoinlandsprodukt die Konjunkturphasen bestimmen?

Aufgabe 8.2

Erläutern Sie den Zusammenhang zwischen der Entwicklung des Bruttoinlandsprodukts und der Entwicklung der Erwerbstätigen!

9 Kritik bei der Verwendung des Sozialprodukts als Wohlfahrtsindikator

Aufgabe 9.1

Diskutieren Sie Probleme der Anwendbarkeit des Sozialproduktes als Wohlstandsindikator!

Lösungshinweise

1. Einführung

zu Aufgabe 1.1

Mit Hilfe der Kreislaufanalyse werden wirtschaftliche Vorgänge systematisiert. Die quantitative Ausgestaltung des Wirtschaftskreislaufs erfolgt durch die Volkswirtschaftliche Gesamtrechnung.

zu Aufgabe 1.2

Ex-post Analysen betrachten wirtschaftliche Größen, die in abgelaufenen Perioden realisiert worden sind. Ex-post Analysen basieren auf Definitionen. Ex-ante Analysen betrachten geplante Größen.

zu Aufgabe 1.3

Vgl. Abschnitt 1.1.

2. Grundzüge der Vermögensrechnung

zu Aufgabe 2.1

Stromgrößen beziehen sich auf einen Zeitraum, Bestandsgrößen auf einen Zeitpunkt.

zu Aufgabe 2.2

Stromgrößen	**Bestandsgrößen**
Abschreibungen	Deckel in der Kneipe
Investitionen	Sachvermögen
Löhne	

zu Aufgabe 2.3

Zum Sachvermögen zählen:

– das Haus im Wert von 250.000

– der Pkw im Wert von 20.000

Das Sachvermögen beträgt demnach 270.000.

Die Nettoposition besteht aus dem Nettogeldvermögen. Es setzt sich demnach zusammen aus

– den Wertpapieren im Wert von 2.000 und

– dem Bargeld im Wert von 1.000 abzüglich

– dem Bierdeckel in der Gaststätte im Wert von 500.

Die *Nettoposition* beträgt 2.500.

Die Summe aus Nettoposition und Sachvermögen ergibt das Reinvermögen. Das *Reinvermögen* beträgt daher 272.500.

zu Aufgabe 2.4

Die Vorratsinvestitionen berechnen sich aus der Differenz von Zugängen und Abgängen an Werkstoffen. Die Vorratsinvestitionen betragen daher 500 – 1.000 = –500.

Die Bruttoanlageinvestitionen bestehen aus

- dem Kauf von Maschinen im Wert von 10.000 und
- den selbsterstellten Anlagen im Wert von 1.000.

Es wurden daher Bruttoanlageinvestitionen in Höhe von 11.000 getätigt.

Die Bruttoinvestitionen ergeben nach Zusammenfassung der Vorrats- mit den Bruttoanlageinvestitionen 10.500.

Die Bruttoanlageinvestitionen 11.000 abzüglich der Abschreibungen in Höhe von 800 ergeben die Nettoanlageinvestitionen. Die Nettoanlageinvestitionen betragen also 10.200.

Die Summe aus Vorratsinvestitionen im Wert von –500 und Nettoanlageinvestitionen im Wert von 10.200 ergibt die Nettoinvestitionen. Im vorliegenden Beispiel wurden Nettoinvestitionen von 9.700 getätigt.

zu Aufgabe 2.5

a) Unter einer Transaktion versteht man die Übertragung eines Gutes in Form einer Ware oder Dienstleistung sowie die Übertragung einer Forderung von einem Wirtschaftssubjekt auf ein anderes Wirtschaftssubjekt.

b) Bei einer Leistungstransaktion ändert sich das Niveau des Geldvermögens. Bei einer Finanztransaktion ändert sich die Struktur des Geldvermögens.

zu Aufgabe 2.6

a) Kauf und somit Leistungstransaktion

b) Realtransfer

c) Keine Transaktion, da nur eine Person beteiligt ist

d) Verkauf einer Dienstleistung und somit Leistungstransaktion

e) Monetärer Transfer und Leistungstransaktion

f) Finanztransaktion

zu Aufgabe 2.7

Transaktionen zwischen Wirtschaftssubjekten innerhalb eines Sektors werden als intrasektorale Transaktionen, Transaktionen zwischen Wirtschaftssubjekten verschiedener Sektoren werden als intersektorale Transaktionen bezeichnet.

zu Aufgabe 2.8

Einkommensübertragungen sind laufende Übertragungen, die regelmäßig erfolgen und die von den beteiligten Personen nicht als vermögenswirksam angesehen werden. Nicht regelmäßig wiederkehrende Übertragungen, die aus Sicht mindestens eines beteiligten Wirtschaftssubjektes als vermögenswirksam angesehen werden, bezeichnet man als Vermögensübertragungen.

3. Kreislaufanalyse

zu Aufgabe 3.1

Eine Volkswirtschaft besteht aus dem Unternehmenssektor, dem öffentlichen Sektor und dem Sektor der privaten Haushalte und Organisationen ohne Erwerbszweck. Die Wasserwerke und die Deutsche Bundesbank gehören zum Unternehmenssektor. Die Polizei zählt zum öffentlichen Sektor. Rechtsanwälte zählen in ihrer Berufsausübung zum Unternehmenssektor, als Privatperson gehören sie dagegen dem Sektor der privaten Haushalte an.

zu Aufgabe 3.2

Der Wert der Produktion einer Volkswirtschaft kann über den Wert der entstandenen Einkommen oder über den Wert der produzierten Güter ermittelt werden. Der Wert der entstandenen Einkommen in einer Volkswirtschaft entspricht stets dem Wert der Produktion.

zu Aufgabe 3.3

Vgl. Abschnitt 3.4.1.

zu Aufgabe 3.4

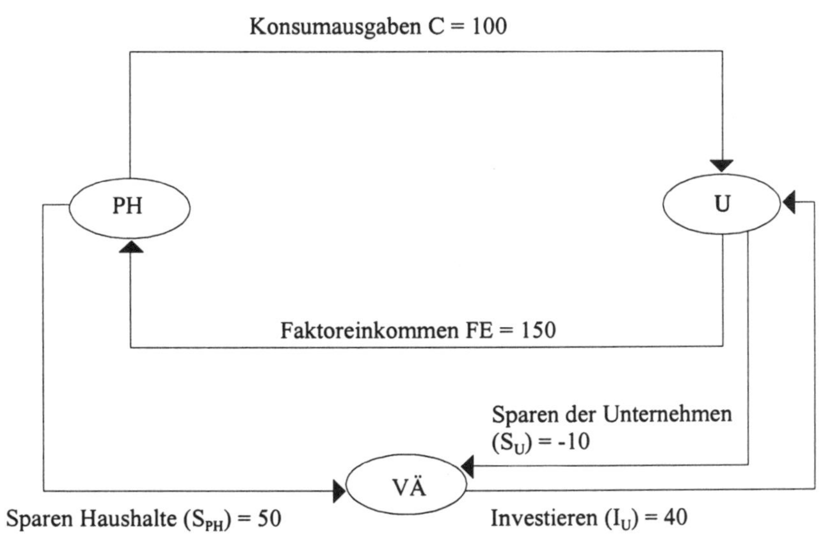

- Wert der Produktion: C + I = 100 + 40 = 140
- Ersparnis Unternehmen = Veränderung des Geldvermögens + Veränderung des Sachvermögens = -50 + 40 = - 10
- Ersparnis der Haushalte = Faktoreinkommen - Konsumausgaben = 150 - 100 = 50

zu Aufgabe 3.5

Ein ex-ante Gleichgewicht liegt vor, wenn die Pläne aller Sektoren miteinander vereinbar sind. In diesem Beispiel liegt kein ex-ante Gleichgewicht vor, da die Unternehmen mit Konsumgüterkäufen in Höhe von 110 rechnen und ihre Pläne dementsprechend ausrichten, während die Haushalte Konsumgüterkäufe von 100 planen.

Planen die Haushalte geringere Konsumausgaben als die Unternehmen erwarten, so bestehen zwei Anpassungsmöglichkeiten. Zum einen ist es möglich, daß die Unternehmen die unverkauften Konsumgüter auf Lager nehmen. Da die Unternehmen mit Konsumausgaben in Höhe von 110 rechnen, die Haushalte jedoch nur Konsumausgaben von 100 tätigen, müssen die Unternehmen Güter im Wert von 10 auf Lager nehmen. Dadurch entstehen ihnen ungeplante Investitionen in Höhe von 10. Die Investitionen des Unternehmenssektors betragen daher insgesamt 40 und bestehen aus den ungeplanten Investitionen von 10 und den geplanten Investitionen von 30. Die Ersparnis der Volkswirtschaft entspricht der geplanten Ersparnis des Haushaltssektors in Höhe von 40.

Andererseits haben die Unternehmen die Möglichkeit, die Preise zu senken und dadurch den Kauf von Konsumgütern zu steigern. Wenn die Unternehmen die Güter im Wert von 110 zu solchen Preisen verkaufen, daß die Haushalte gerade Konsumausgaben in Höhe von 100 zahlen müssen, entsteht den Unternehmen ein Verlust in Höhe von 10. Dies bedeutet für die Unternehmen eine negative Ersparnis von 10. In diesem Fall beträgt die Ersparnis der gesamten Volkswirtschaft 30. Sie besteht aus der Ersparnis der Haushalte in Höhe von 40 und der Ersparnis der Unternehmen in Höhe von –10. Die Investitionen der Volkswirtschaft entsprechen den von den Unternehmen geplanten Investitionen von 30.

In beiden Fällen ist also ex-post die Identität von Investition und Ersparnis gewährleistet.

zu Aufgabe 3.6

Der Vermögensänderungspol erhält Zuflüsse in Höhe der Ersparnisse aller drei Sektoren. Diese bilden die Ersparnis der gesamten Volkswirtschaft. Die Abflüsse aus dem Vermögensänderungspol an den Unternehmenssektor, den öffentlichen Sektor und den Auslandspol entsprechen den Investitionen der Unternehmen und des öffentlichen Haushalts sowie dem Leistungsbilanzsaldo. Die Ersparnis einer Volkswirtschaft entspricht daher den Investitionen der Volkswirtschaft und dem Leistungsbilanzsaldo.

zu Aufgabe 3.7

Die Ersparnis der privaten Wirtschaftssubjekte nimmt zu, die Investitionen der Unternehmen nehmen ab, oder der Leistungsbilanzsaldo nimmt ab.

zu Aufgabe 3.8

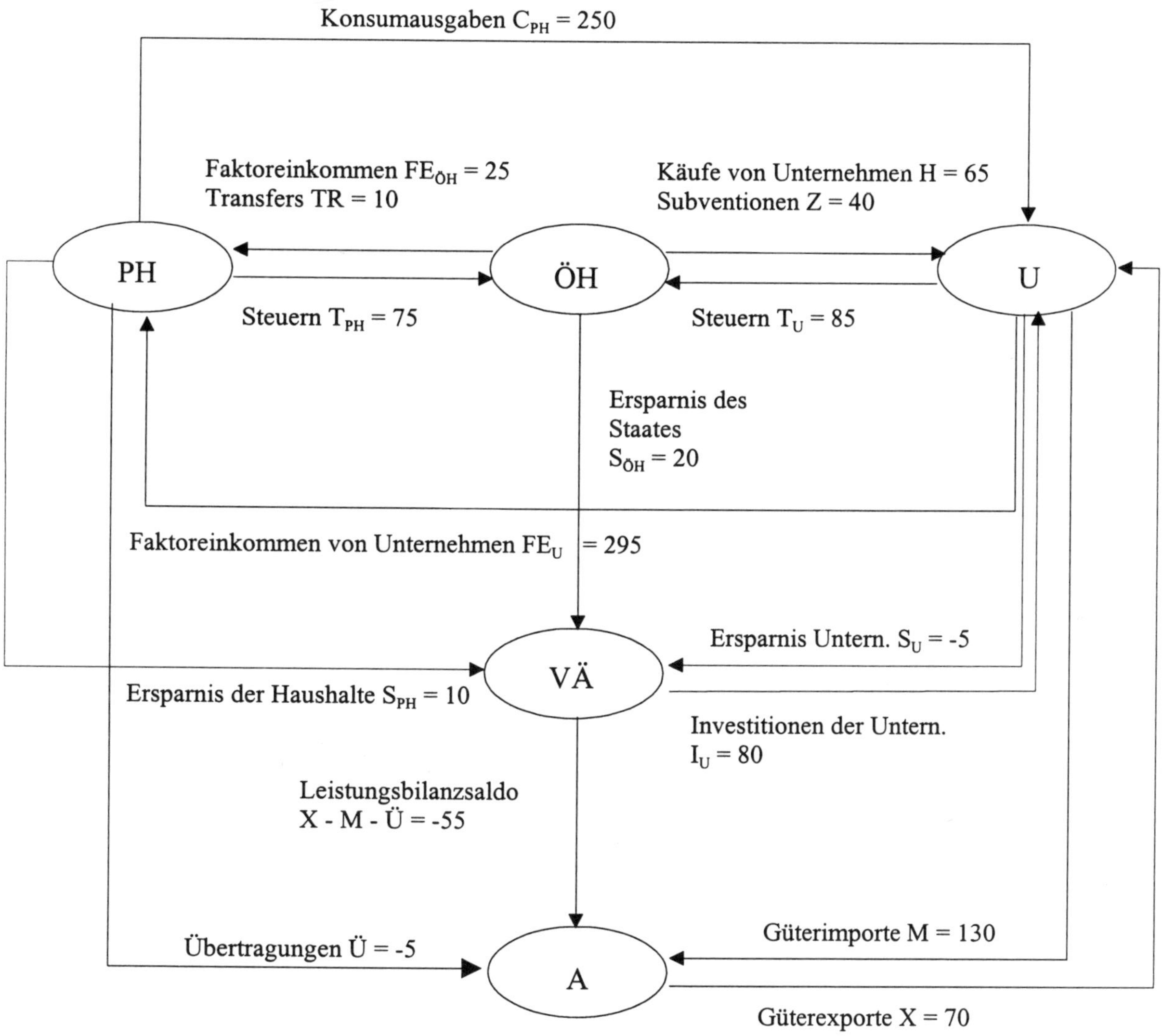

a) Ersparnis der privaten Haushalte: 295 + 25 + 10 + 5 - 250 - 75 = 10

b) Leistungsbilanzsaldo: 70 - 130 + 5 = -55

c) Staatsverbrauch: 65 + 25 = 90

d) Wert der gesamten Produktion der Volkswirtschaft:

$$Y = C + I + G + X - M = 250 + 80 + 90 + 70 - 130 = 360$$

4. Die Erfassung ökonomischer Aktivitäten im Kontensystem

zu Aufgabe 4.1

Im Fall a) handelt es sich um eine Dienstleistung. Die Fälle b) und e) sind Beispiele für Faktorleistungen. Eine Vorleistung stellt der Fall d) dar. Fall c) ist eine Investition und zählt daher weder zu den Vorleistungen noch zu Faktor- oder Dienstleistungen.

zu Aufgabe 4.2

Das Produktionskonto dieser Unternehmung hat folgende Gestalt:

Produktionskonto einer Unternehmung			
Vorleistungen	50	Verkäufe an private Haushalte	300
indirekte Steuern minus Subventionen	15	Verkäufe von Vorleistungen an öffentliche Haushalte	100
Abschreibungen	10	selbsterstellte Anlagen	5
Nettowertschöpfung	510	Verkäufe von Investitionsgütern an öffentliche Haushalte	180
Produktionswert	585	Produktionswert	585

- Bruttowertschöpfung = Produktionswert - Vorleistung = 585 - 50 = 535
- Nettowertschöpfung = 510
- Gewinn aus Produktionstätigkeit = Nettowertschöpfung - Löhne und Gehälter = 510 - 100 = 410

Die Vorgänge d) und e) werden nicht gebucht. Vorgang d) stellt eine Finanztransaktion dar. Vorgang e) erfaßt eine Wertschöpfung, die nicht im Produktionsprozeß des betrachteten Unternehmens entstanden ist.

zu Aufgabe 4.3

Vgl. Abschnitt 4.2.4.

zu Aufgabe 4.4

Bei der Aggregation der Produktionskonten heben sich die Vorleistungskäufe öffentlicher Haushalte und inländischer Unternehmen bei inländischen Unternehmen auf.

zu Aufgabe 4.5

Einkommenskonto Öffentliche Haushalte			
Transfers an Haushalte	15.000	indirekte Steuern	20.000
Subventionen an Unternehmen	25.000	Einnahmen aus Beteiligung	5.000
Eigenverbrauch	40.000	direkte Steuern	10.000
Ersparnis	-45.000		
	35.000		35.000

Vermögensänderungskonto Öffentliche Haushalte			
Bruttoanlageinvestitionen	15.000	Ersparnis	-45.000
Finanzierungssaldo	-60.000		
	0		0

zu Aufgabe 4.6

Ein negativer Finanzierungssaldo ist nicht grundsätzlich mit einem Rückgang des Reinvermögens gleichzusetzen. Die Ersparnis setzt sich aus den Nettoinvestionen und dem Finanzierungssaldo zusammen. Werden Investitionsgüter gekauft, dann verursacht dies zwar einen negativen Finanzierungssaldo, das Reinvermögen ändert sich jedoch nicht, da gleichzeitig das Sachvermögen zunimmt.

zu Aufgabe 4.7

Produktionskonto Unternehmen	Nettowertschöpfung
Produktionskonto Öffentliche Haushalte	Eigenverbrauch
Einkommenskonto	Ersparnis
Vermögensänderungskonto	Finanzierungssaldo

zu Aufgabe 4.8

Die Produktionskonten der einzelnen Sektoren und die nationalen Produktionskonten haben folgende Struktur:

Produktionskonto Unternehmung			
Käufe von Vorleistungen im Ausland	100	Verkäufe von Vorleistungen an öffentliche Haushalte	100
Abschreibungen	60	privater Konsum	200
indirekte Steuern minus Subventionen	25	Verkäufe von Gütern an Ausland	300
Nettowertschöpfung	465	selbsterstellte Anlagen	50
Produktionswert	650	Produktionswert	650

- Nettowertschöpfung Unternehmen: 465
- Gewinne aus Unternehmertätigkeit: 410 (465-50-5)

Produktionskonto Öffentliche Haushalte			
Käufe von Vorleistungen von inländischen Unternehmen	100	Eigenverbrauch	540
Abschreibungen	40		
Nettowertschöpfung	400		
Produktionswert	540	Produktionswert	540

– Eigenverbrauch: 540

nationales Produktionskonto nach dem Inlandskonzept			
Abschreibungen	100	privater Konsum	200
indirekte Steuern minus Subventionen	25	Eigenverbrauch	540
Importe (100 + 10)	110	Bruttoinvestitionen (50 + 10)	60
Nettoinlandsprodukt zu Faktorkosten	865	Exporte	300
	1100		1100

– Bruttoinlandsprodukt zu Marktpreisen: 990 (200 + 540 + 60 + 300 – 110)

Das gesamtwirtschaftliche Produktionskonto nach dem Inländerkonzept hat folgende Gestalt:

nationales Produktionskonto nach dem Inländerkonzept			
Abschreibungen	100	privater Konsum	200
indirekte Steuern minus Subventionen	25	Eigenverbrauch	540
Importe (100 + 10 + 5)	115	Bruttoinvestitionen (50 + 10)	60
Nettosozialprodukt zu Faktorkosten	872	Exporte (300 +12)	312
	1112		1112

– Saldo der Erwerbs- und Vermögenseinkommen: 7

– Bruttosozialprodukt zu Marktpreisen: 997

– Nettosozialprodukt zu Faktorkosten (Volkseinkommen): 872

Die Einkommenskonten der Sektoren der Unternehmen, der öffentlichen Haushalte und der privaten Haushalte haben folgende Struktur:

Einkommenskonto der Unternehmen			
geleistete Faktoreinkommen an In- und Ausländer	55	Nettowertschöpfung	465
direkte Steuern	30		
unverteilter Gewinn (Ersparnis)	380		
	465		465

Einkommenskonto der öffentlichen Haushalte			
geleistete Faktoreinkommen	400	Nettowertschöpfung	400
Entwicklungshilfe	50	direkte Steuern	55
Eigenverbrauch des Staates	540	indirekte Steuern	25
Ersparnis	-510		
	480		480

Einkommenskonto der privaten Haushalte			
direkte Steuern	25	empfangene Faktoreinkommen (50+400+12)	462
Ausgaben für Konsumgüter	200		
Ersparnis	237		
	462		462

– Ersparnis der privaten Haushalte: 237

Das gesamtwirtschaftliche Einkommenskonto hat folgende Gestalt:

nationales Einkommenskonto			
Entwicklungshilfe	50	Volkseinkommen (465 + 400 + 7)	872
Privater Konsum	200	indirekte Steuern	25
Eigenverbrauch des Staates	540		
volkswirtschaftliche Ersparnis	107		
	897		897

– volkswirtschaftliche Ersparnis: 107

Im folgenden sind die Vermögensänderungskonten der drei Sektoren und der gesamten Volkswirtschaft abgebildet. Die Finanzierunssalden der einzelnen Sektoren und der Volkswirtschaft lassen sich direkt daraus ablesen.

Vermögensänderungskonto des Unternehmenssektors			
Bruttoanlageinvestitionen: – importiert – selbsterstellte Anlagen	 10 50	Abschreibungen	60
Finanzierungssaldo	380	unverteilter Gewinn (Ersparnis)	380
	440		440

Vermögensänderungskonto des öffentlichen Haushalts			
Finanzierungssaldo	-470	Abschreibungen	40
		Ersparnis	-510
	-470		-470

Vermögensänderungskonto der privaten Haushalte			
Finanzierungssaldo	237	Ersparnis	237
	237		237

nationales Vermögensänderungskonto			
Bruttoinvestitionen: – der Unternehmen – des öffentlichen Haushalts	 60 0	Abschreibungen	100
Finanzierungssaldo	147	volkswirtschaftliche Ersparnis	107
	207		207

- Finanzierungssaldo öffentliche Haushalte: - 470
- Finanzierungssaldo Unternehmen: 380
- Nettoinvestitionen = Bruttoinvestitionen - Abschreibung = 60 - 100. = - 40

Für das Auslandskonto gilt:

Auslandskonto			
Kauf von Gütern bei Inländern	300	Faktoreinkommen aus Inland	5
Faktoreinkommen an Inländer	12	exportierte Vorleistungen	100
Finanzierungssaldo des Auslands	-147	exportierte Investitionsgüter	10
		Entwicklungshilfe	50
	165		165

Der Leistungsbilanzsalo des Inlands (=Finanzierungssaldo des Auslands beträgt 147.

zu Aufgabe 4.9

Diese Aussage ist für eine abgelaufene Periode, also ex-post, korrekt. Das Sozialprodukt wird durch die Differenz von Endprodukten und Importe berechnet. In diese Differenz geht die Sozialhilfe nicht ein.

Allerdings ist diese Aussage ex-ante nicht korrekt. Die Zahlung von Sozialhilfe erhöht das verfügbare Einkommen der privaten Haushalte und wirkt damit hinsichtlich der Konsumnachfrage belebend. Allerdings muß die Zahlung von Sozialhilfe durch die öffentlichen Haushalte finanziert werden. Werden zu diesem Zweck die Steuern angehoben, so sinkt das verfügbare Einkommen der privaten Haushalte und der Unternehmen, so daß dies dämpfend auf die Konsum- und Investitionsnachfrage wirkt. Welche Auswirkungen die Zahlung von Sozialhilfe hat, hängt von den Annahmen über die Funktionsweise der Volkswirtschaft ab.

5. Entstehung, Verwendung und Verteilung des Sozialprodukts

zu Aufgabe 5.1

Vgl. Abschnitt 5.2.2.

zu Aufgabe 5.2

Vgl. Abschnitt 5.3.4.

zu Aufgabe 5.3

Vgl. Abschnitt 5.4.1.

zu Aufgabe 5.4

Die Lohnquote mißt das Verhältnis der Bruttoeinkommen aus unselbständiger Arbeit am Volkseinkommen. Die Gewinnquote mißt dementsprechend den Anteil der Bruttoeinkommen aus selbständigen Tätigkeiten am Volkseinkommen.

Gewinnquote und Lohnquote ergeben in ihrer Summe definitionsgemäß Eins. Daher beträgt die Gewinnquote für ein Bruttoeinkommen aus unselbständiger Arbeit von 1.200 Mrd. DM und ein Volkseinkommen in Höhe von 1.800 DM 33,3%.

Ein selbständiger Unternehmer wird zu den Beziehern von Einkommen aus selbständigen Tätigkeiten gezählt. Sein Einkommen ist daher in der Gewinnquote enthalten. Wechselt ein bisher selbständiger Unternehmer seine Stellung und wird zu einem Bezieher von Einkommen aus unselbständiger Arbeit, so zählt sein Einkommen zu der Lohnquote. Die Lohnquote steigt daher, selbst wenn die Tätigkeit des ehemaligen Unternehmers vor wie nach seinem Stellungswechsel identisch ist.

zu Aufgabe 5.5

Vgl. Abschnitt 5.4.3

6. Erfassung außenwirtschaftlicher Beziehungen

zu Aufgabe 6.1

Vgl. Abschnitt 6.2-6.5.

zu Aufgabe 6.2

Die Zusammenfassung des Saldos der Vermögensübertragungen mit dem Saldo der Leistungsbilanz ergibt den Finanzierungssaldo. Der Finanzierungssaldo entspricht der Veränderung des Nettoauslandsvermögens der Volkswirtschaft.

zu Aufgabe 6.3

Ein negativer Saldo der Kapitalbilanz deutet darauf hin, daß netto mehr Kapital aus dem Land herausgeflossen ist als Kapital in das Land hineingeflossen ist. Daher impliziert ein negativer Saldo in der Kapitalbilanz einen Nettokapitalexport. Umgekehrt bedeutet ein positiver Saldo der Kapitalbilanz einen Nettokapitalimport.

zu Aufgabe 6.4

Die Leistungsbilanz zeigt an, durch welche Transaktionen sich das Nettoauslandsvermögen verändert hat; die Kapitalbilanz zeigt an, in welcher Form das zusätzliche Nettoauslandsvermögen gehalten wird.

zu Aufgabe 6.5

Vgl. Abschnitt 6.5.

zu Aufgabe 6.6

Ein Angebotsüberhang am Devisenmarkt bei festen Wechselkursen zwingt die Zentralbank zum Aufkauf des Angebotsüberhangs, wodurch die nationale Geldmenge ausgedehnt wird.

zu Aufgabe 6.7

– Dienstleistungsbilanzsaldo : -210
– Saldo der Erwerbs- und Vermögenseinkommen: 360
– Leistungsbilanzsaldo: 530
– Devisenbilanzsaldo: - 70

7. Nominales Wachstum, reales Wachstum und Inflation

zu Aufgabe 7.1

Das nominale Bruttosozialprodukt nimmt auch zu, wenn die Preise steigen. Aus diesem Grunde werden die Wachstumsraten des realen Sozialprodukts als Wachstumsindikator verwendet.

zu Aufgabe 7.2

Der Laspeyres-Preisindex gibt an, wie sich die Ausgaben für das Güterbündel der Basisperiode entwickelt haben. Der Paasche-Index gibt an, wie sich die Ausgaben des Güterbündels der Berichtsperiode entwickelt haben.

8. Das Sozialprodukt als gesamtwirtschaftliche Meßgröße

zu Aufgabe 8.1

Vgl. Abschnitt 8.1.

zu Aufgabe 8.2

Vgl. Abschnitt 8.2.

9. Kritik bei der Verwendung des Sozialprodukts als Wohlfahrtsindikator

zu Aufgabe 9.1

Vgl. Kapitel 9.

Literaturverzeichnis

Assenmacher, W.: Konjunkturtheorie, 7. Auflage, München 1995.

Brümmerhoff, D.: Volkswirtschaftliche Gesamtrechnungen, 4. Auflage, München 1992.

Brümmerhoff, D.: Finanzwissenschaft, München, 5. Auflage 1990.

Brümmerhoff, D./Lützel, H.: Lexikon der Volkswirtschaftlichen Gesamtrechnung, München 1994.

Deutsche Bundesbank (Hrsg.): Monatsberichte, versch. Jahrgänge.

Feess, E./Tibitanzl, F.: Kompaktstudium Wirtschaftswissenschaften, Bd. 2: „Makroökonomie", 2. Auflage, München 1997.

Feess, E./Tibitanzl, F.: Kompaktstudium Wirtschaftswissenschaften, Bd. 12: „Wirtschaftspolitik", München 1996.

Felderer, B.: Der Staat im volkswirtschaftlichen Kreislaufsystem, in: WISU, Heft 4/1980 S. 195-199 und Heft 5/1980 S. 247-251.

Frenkel, M./John K.D.: Volkswirtschaftliche Gesamtrechnung, 3. Auflage München 1996.

Haslinger, F.: Volkswirtschaftliche Gesamtrechnung, 6. Auflage, München 1992.

Haslinger, F.: Zahlungsbilanz, in: Wist, Heft 7/1997, S. 341-349.

Hauser, M.: Volkswirtschaftliches Rechnungswesen, Zürich 1993.

Heise, M.: Das volkswirtschaftliche Produktionspotential, in: WIST, Heft 11/1991, S. 553-558.

Herzog-Appel, U./van der Velden, S.: Haushaltsproduktion und volkswirtschaftliche Gesamtrechnung, in: WIST, Heft 7/1990, S. 361-363.

Heubes, J.: Konjunktur und Wachstum, München 1991.

Hübl, L.: Wirtschaftskreislauf und gesamtwirtschaftliches Rechnungswesen, in: *Bender et. al.*: Vahlens Kompendium der Wirtschaftstheorie und Wirtschaftspolitik, Bd.1, 6. Aufl., München 1994, S. 51-85.

Hübl, L./Hartig, R.: Wirtschaftskreislauf und Volkswirtschaftliche Gesamtrechnung, in: WISU, Heft 3/1990, S. 177-182.

Hübl, L./Hartig, R: Die Aktivitätskonten der Volkswirtschaftliche Gesamtrechnung, in: WIST, Heft 9/1990, S. 427-430.

Institut der Deutschen Wirtschaft (Hrsg.): Informationsdienst, verschiedene Hefte.

Klaus, J.: Erweiterung der Volkswirtschaftlichen Gesamtrechnung aus umweltökonomischer Sicht, in: WISU, Heft 1/1992, S. 56-62.

Moritz, K.-H.: Kompaktstudium Wirtschaftswissenschaften, Bd. 13: „Geldtheorie und Geldpolitik", München 1996.

Moritz, K.-H./Schuknecht B./Spielkamp A.: Mikroökonomische Theorie der Unternehmung, München 1994.

Pätzold, J.: Stabilisierungspolitik, 6. Auflage, Stuttgart; Wien 1998.

Sachverzeichnis